장마를 견딘
어느 여름날에

짙어진 나뭇잎 사이 찾아온 여름으로
나는 일어나 들어가야만 한다.

정승준

프롤로그

덤으로 얻은 것도
거저 준 것도 없다.
지내고 보니
제값과 제 몫이 있었네.
왜 그리
아등바등했는지
돌아가고 싶지 않은 과거이지만
당신은 그대로였으면
욕심이 과한 건가?
통 반응이 없다.
… …

3 프롤로그

견뎌온 날들이
총총 새겨집니다.

10	가락국수		25	오월의 기도
11	명절에		27	잘 살아갑니다
12	추억 놀이		28	꼬마 기업가
14	늦잠		29	나비
15	새끼손가락		31	장미가 있는 오월
16	씨줄과 날줄		32	단꿈
17	길가에서		33	수국 Ⅱ
19	영덕에서 봄비에 빠지다		35	위로
20	그만해도 족하니		37	내가 헌혈하는 이유
22	봄눈		38	구봉산
23	더 좋아하는 것		40	새끼발가락
24	소망		41	무인도
			42	소서(消暑)
			43	오후 두 시
			44	보낼 수 없는 편지
			45	우두커니
			46	복날에
			48	혹시나
			49	쉼과 심
			50	가을비 내리는 날에

하늘 끝에서라도
기다릴 거라서

- 52 태풍이 지난 후에
- 54 두 번째 추석을 보내며
- 56 꽃밭과 텃밭
- 57 가을
- 58 홍시
- 59 가을의 노래
- 60 가을 선물
- 62 가을 앓이
- 64 오늘도 맑음
- 66 마른 눈물
- 67 앞으로는
- 69 秋天(가을 하늘)
- 70 걱정
- 71 벽돌 쌓기
- 73 흰죽
- 75 정명(正名)
- 77 이심전심
- 78 안부를 묻습니다
- 80 찬란한 새해
- 81 해처럼
- 82 시골과 광야
- 83 비 내리면
- 84 겨울비 Ⅱ
- 85 영화 《정이》
- 87 한파에 가지산 가다
- 89 불명
- 90 닭죽
- 91 그게, 나야!
- 93 안부
- 95 소나무처럼
- 97 봄을 기다리며
- 98 그대에게로

마음 한쪽에 심은
호박 모종 한 포기

03

100 　새벽 세 시
101 　졸업식장에서
103 　삼세판
105 　진눈깨비 사랑
107 　진눈깨비
108 　불가사의
109 　노루귀
110 　한적헌
111 　맞다는 착각
112 　수건
113 　그러면, 내 것이 될까?
114 　억새의 노래
115 　봄을 심다
116 　석양
118 　한적헌에서
119 　봄비 같은 사람
120 　아침 I
121 　수레바퀴
122 　봄비 그친 목요일 오후
123 　봄 마중 II
124 　고헌산 다짐
126 　봄볕 며느리
127 　소리(音)
128 　뒷모습이 아름다운 사람
129 　아픈 손가락
130 　한 걸음
131 　봄 지나며
133 　부활의 아침에도
135 　바퀴벌레
137 　한적헌 여행
138 　보리밭에서
139 　4월에는
140 　취하고 싶다
142 　불청객

파란 잔디 위 **하얀** 공은 농인지 재미인지

04

- 144 아침 Ⅱ
- 145 얼음과 누림
- 147 지팡이와 막대기
- 148 돌 던지지 마라
- 149 비 오시고
- 151 위양지에서
- 152 또 비 오고
- 153 새벽 십자가
- 154 이유 있는 자유
- 155 지나쳤던 것에 대하여
- 156 질 때가 많아도
- 158 하릴없이
- 159 돌 줍기
- 161 후회 Ⅲ
- 162 딴 세상
- 164 형해화
- 165 새벽이라서
- 166 독백
- 168 변덕
- 169 뭐 할라꼬
- 170 갈림길
- 171 저장된 기억
- 172 잡념
- 173 6월의 연인
- 174 저만치에서
- 175 흉
- 176 두 개
- 177 상추밭에서
- 179 먹이 피라미드
- 181 연년생
- 182 깜정댕이
- 183 고해
- 184 스냅 사진
- 185 여름 텃밭
- 186 편식하는 사회

장마에 **맑은 하루**가
당신이 보내는 답장

05

188 커피 찌꺼기
190 잡초 인생
191 과민 증후군
192 봄날
193 장마가 시작되고
194 인인(人人)
195 칠월에
197 응원
198 내일, 또 응원합니다
199 하루 Ⅱ
200 가벼운 여행
201 바울이 스데반을 만나면

202 삐딱선
204 동행
206 공사 중입니다
207 내가 미안해
208 마음
209 답장
210 비 그치고
212 누워서 떡 먹기
214 그리움 Ⅰ
215 그리움 Ⅱ
216 고추잠자리
217 이유
218 기도 Ⅲ
219 어머니
221 장마
222 우유부단
223 하늘
225 아직도, 나는
227 만원
228 차이
229 고백
231 다음에 또 봐

233 에필로그

견뎌온 날들이
총총 새겨집니다.

01

가락국수

구내식당에서 가락국수가 나왔다.

굵은 국수 가닥을 맑은장국에 담아서
그때 그곳 같은 창가에 앉았다.

비둘기와 통일, 무궁화
그리고 새마을호

십여 분 남짓 정차에
한 끼가 해결되었던 그때를

서울·부산 두 시간짜리 급행열차
KTX는 볼 수 없는 것을

우리 회사 구내식당 이모님은
옛 기억을 맛보고 있었다.

명절에

설 전날이면 함께 찾아뵙던
외삼촌과 고모님에게는
전화도 못 했습니다.

일정을 묻는 아들의 질문에
코로나 핑계를 댔지만

둘째 형은 조카와 바다낚시를
막내네는 자가격리하고
안동 형님네는 전화로

주방을 차지한 넷째네 덕에
묵은 설도 새해도

세월 탓에 나이 탓 더해서
습관처럼 보낸 명절이
허전한 밤입니다.

추억 놀이

추억 ……

오래된 사진첩을 꺼내어
한 장 한 장 넘기면
만나는 사람들

기억들 ……

어린 나와
현재의 나를 만들어 준
떠오르는 얼굴들

후회 ……

잊고 싶은 것보다
추억으로 기억하고 싶은
숱한 그리움들

재미 ……

오징어 게임처럼
함께했던 숱한 놀이같이
빠져드는 추억 여행

늦잠

딱히 할 일이 없는
명절 연휴 첫날
늦잠이다.

설날의 설렘도
두근거리는 기대감도
전혀 없이

찾아오는 이도
찾아갈 곳도
생각도

당신 없는 명절에
변명 늘어놓는
아점이다.

새끼손가락

누이 닮아서 좋았던 그 애에게
별 하나 따다 준다고 했지요.
새끼손가락 걸고

그때인지 그다음인지
그 애인지 또 다른 여학생인지
기억도 가물가물하지만

동구 밖 담장 아래에서
첫눈을 기다리기도 했지요.
연분홍 새끼손가락 맞잡고

걸고 맹세했던 숱한 약속들이
마디마디에 아롱져서는
주름만 깊게 팼지만

끝내 지킬 수 없었던 약속에도
또다시 내밀어 봅니다.
작은 새끼손가락을

씨줄과 날줄

시간이 지나간 자리에는 어김없이 후회가 빈 깡통처럼 발길에 챈다. 별다른 대안도 없건만 '조금 더'하는 '모자람'이 있다. 그 모자람으로 지금까지 살아왔으니, 모든 것이 기적이건만 마음 한구석에 웅크리고 있던 '또 다른 나'는 그때마다 '조금 더' 잘할 걸 한다.

시간이 지나온 흔적에는 아낌없는 추억이 폭포수처럼 가슴에 남는다. 그때마다 최선을 다했건만 '한번 더'하는 '아쉬움'이 있다. 그 아쉬움으로 지금까지 버텼으니, 모든 것이 은혜이건만 가슴 한구석을 채우고 있는 '또 그런 나'는 이번에도 '한번 더'라고 부추겼다.

길가에서

결혼식에 함께 갈 지인 차를
기다리는 삼십여 분 남짓한 시간에

뒷모습이 닮은 사람을 쫓아
곁눈질로 한참을 따라가다가 오고

노부를 부축하는 희끗희끗한 중년도
삐뚤삐뚤 낮술 취한 듯 엉겨진 연인도

봄볕 완연한 길가에는 사태 난
볼거리들로 바빠지는 눈길이

내가 가진 것보다도
가지지 못한 것에 더 멈춰 서서

아흔아홉을 들에 두고서
한 마리 찾아 나서는 것인 양

그 마음 그 생각 닮았다고
내게 없는 억지 춘향 같은 역할도

꿈속에라도 갖고픈 것으로
시간이 끝나 버렸습니다.

영덕에서 봄비에 빠지다

가슴을 넉넉하게 감쌌던 동해 바다가
기약도 없이 애만 태운 봄 화마에
곰비임비 흘리던 눈물처럼
고맙게 내리는 봄비다.

코로나 확진으로 쉬어버린 목소리가
목련 매화 하얗게 불어오는 봄 향기에
으밀아밀 전해준 편지같이
살갑게 찾아온 봄비다.

스물몇 해 전 영덕 바닷가 텐트 추억이
하늘 끝이라도 다시 펼칠 봄소식에
살천스레 굴었던 미안에도
정겹게 젖는 봄비다.

꿈속에라도 찾고 싶은 태백준령이
검게 속살 드러낸 앙상한 봄 산에
애면글면 걱정 가득한 노부에게도
희망을 심는 봄비다.

그만해도 족하니

해가 한 뼘이나 남았고
이제 재미가 막 붙었는데
그만하고 들어오라고
등 뒤에서 나를 부르시면
심술이 나서 몇 번은
못 들은 척했습니다.

없는 시간도 쪼개어서
열과 성으로 달려온 길인데
그만하고 물러서라고
보는 이 앞에서 나를 외면하면
화가 분노가 되어
한참을 씩씩거렸습니다.

사십에 사십, 그리고 마지막
꿈꿔왔던 가나안이 강 건너인데
그만해도 족하니
진노하며 거론 말라던
비스가 산꼭대기의
그분이 생각났습니다.

강하고 담대하라.
요단 건너서 기업으로 얻게 하리라.
그 땅을 바라보고
벳브올 맞은편 골짜기까지가
내게 준 소명이라면
인제 그만 만족해야 합니까?

봄눈

지난겨울 내내 삽살개처럼
손꼽아 기다렸던
함박눈이

이제야 앞산 바위 끝에서부터
실개천 강둑을 넘어서서,
아파트 화단 아래까지
지천으로 피었다.

봄날, 쌓인 흰 눈꽃은
삐처있던 내 성질머리까지
들썩이게 했다.

더 좋아하는 것

화려한 꽃잎을 서둘러 보내고
곱고 연한 초록 이파리를 펼쳐놓는
벚꽃 같은 봄꽃을 좋아합니다.

봄철 내내 파란 초록 이파리에 색을 더해서
무더운 여름 앞에 붉게 꽃망울 터뜨리는
백일홍 같은 여름꽃을 더 좋아합니다.

아침 공복 기지개에
생수가 몸에 좋다고들 하지만
더 간절하게 생각나는 것은 땀 흘린 후에
게걸스럽게 마시던 냉수 한 병입니다.

화려한 무대를 휩쓸듯 노래하는
아이돌의 군무에도 환호하지만
가락과 가사를 곱씹으며 따라 흥얼거리게 되는
그때 그것이 오래도록 남았습니다.

촌스럽고 철 지난 것 같아서
가슴속 깊은 곳에 묻어두었던 그 시절이
옹달샘 물빛같이 새어 나오는 밤입니다.

소망

봄꽃이 지나간 자리에
무성한 여름이 피듯
마중물이 되어
내 뒤에
봄꽃처럼
여름 나무처럼
아이들의 내일이
곱게 피면 좋겠습니다.

오월의 기도

봄날이 지나고
짙어지는 계절에
서로 사랑하게 하소서
지나간 아픔이
말끔히 씻기는
폭포수 같은 은혜가
아쉬움으로 잊히는
나의 봄날 뒤로
아이들의 웃음이
많은 바람과 원함도
내려놓기를
자족하게 하소서

최선보다 차선이라도
한 발짝씩 물러설 수 있는
용기로 손 내밀어
들을 귀를 먼저 하고
말보다 밥 한 그릇으로
서로 공감하는
새로 시작하는 오월은

넉넉한 가슴으로
재미있게 하소서

잘 살아갑니다

흥정하듯 밀고 당기는 것이 맛이라서
울거나 소리를 질러야만
알고 와줄 것으로
생각했습니다.
하지만
당신
떠나간
삶의 그 자리에
가만히 멈춰 서서는
생각 없이 몸이 움직이는 대로
그냥 살아내는 것도 괜찮다는 것을

새롭게 하나씩 알아가면서
그렇고 그렇게 살아가고 있습니다.

꼬마 기업가

예전 봄볕 따스한 날에
손때 묻은 딱지며
숨겨두었던 구슬들로
일일 장터에서 거래하더니

수일 전 이야기는 장난인 줄
보지 않는 책은 내다 팔 거라고
알라딘 거래를 물어보더니

오늘은 귀찮아하던 마트까지
앞장서듯 따라나선 것이
당근마켓 거래한다고,

사고팔고 하는 것이
두렵고 낯설기도 하련만
무용담같이 말하는 중고 거래에
아이는 신바람이다.

나비

나비를 보았습니다.
오랜만의 일입니다.

하얀 두 마리가
서로 두 날개로

시골 텃밭에
꽃도 없는데도

앞서거니 뒤서거니
샘이 날 정도로

나비가 날갯짓합니다.
쉴 사이가 없습니다.

두 마리 흰나비가
서로 어울려서

텃밭으로 바뀐
장모님 화단에서

견뎌온 날들이 총총 새겨집니다.

오르락내리락
이야기를 나누듯이

에둘러 그 자리를 피해 주었습니다.
까마득히 먼 때가 생각납니다.

장미가 있는 오월

낮은 담장 위로
연한 덩굴 하나가
수줍게 손 내미는 그때

또박또박 옮겨 적은 쪽지를
살포시 건넸던 그날 저녁
부끄럽고 민망함에
어쩔 줄을 몰라 할 때

환한 당신의 미소가
넝쿨에 핀 장미꽃 같아서
오월이면 피식 웃게 되었지요.

나 홀로 남은 오월에
부끄럼 많은 당신을 닮아서인지
그리움에 사무쳐서 그런지
검붉게 매달려서는

못다 전한 고마운 생각에 앞서
아쉬운 마음만 아른아른해
속만 까맣게 태웠습니다.

단꿈

단꿈이었습니다.
참으로 오랜만입니다.

다들 개꿈이라고
무시를 해버려서 그런지
영영 떠나버린 줄 알았는데

지난밤에 내게로
꿀맛처럼 찾아와서는
지친 몸과 마음을 안아주었습니다.

아침 알람 소리에
깜짝 놀라 달아난 것인지
생각나는 흔적도 기억도 없지만

밤 지난 아침이
날씨보다 더 상큼한 것은
진작, 오랜만에 경험하는 일입니다.

이젠 달콤했던 어젯밤같이
단꿈으로 살았으면 좋겠습니다.

수국 Ⅱ

올해에도 수국은
작년 그 모습 그대로
아파트 화단에 있었건만
며칠 지나 오늘 출근길에야
차창으로 보았습니다.

헛기침하시던 아버지
넉넉하게 맞아주시던 어머니
좁고 긴 골목 끄트머리의
흙담 낮았던 고향 집이
잊히지 않습니다.

조혈모세포 이식 앞두고
두 눈 맞추며 함께했던 그날이
머리에서 가슴으로
연청색 수국 봉오리 다발에
기억되고 있었습니다.

희미해져 가는 장면들이
무뎌지며 지나치는 일상에도
잊지 않고 생각나도록

새로 짓는 촌집에
꼭 심어야 하겠습니다.

위로
영화 《코다》를 보고

막힌 벽처럼
가린 구름 너머로

넘고 싶었고
가고 싶던 순간도

다르다는 것이
틀린 것으로 낙인되어

절망했고
더 많이 좌절하던

흘린 땀보다도
눈물로 새웠던 밤이

영화를 보는 내내
몇 번인가 되돌이표 되는 실루엣

그래, 잘 버텨주어서
고맙고, 내 길을 응원한다고

닫힌 문은 열릴 것이고
태양은 멈추지 않을 거라고

장전에서 광복동까지
호헌철폐를 외쳤던 그때가 생각났다.

내가 헌혈하는 이유

예비군 훈련 때에
꼼수 생각으로
헌혈한 것이

시간은 내 안에서
부끄러움 되어
밀려들고

다람쥐 쳇바퀴에서
떨어지지 않으려
애만 더하듯

내 시간에
핑계를 줄이려고
오늘 나는 헌혈한다.

구봉산

내 고향 남대천에는
남들도 다 아는 비밀을 품은
봉우리 많은 산이 있다.

설악에 자리 잡은 울산바위처럼
기어가면서도 길을 재촉하던
커다란 이무기에 놀라서 소리친
빨래터의 가난한 아낙 이야기도

개천에서 빨래한 옷을 입고
계곡과 골짝에서 얻은 풀뿌리를 밑천 삼아
야반도주하듯 돈 벌러
대처로 나간 아재 이야기다.

현충일에 검정 교복으로 참배했던 충혼탑은
까만 돌비석에 흔적만 남았고
풋사랑질 고목 아래 비료 포대 썰매장은
새로 단장된 둘레길에 묻혀서

삼십 년 만에 찾은 고향 산에
이름도 모르는 아홉 봉우리마다

사무치게 그리운 전설로 새겨져서

굽이굽이 넘고 넘어서면
다 아는 비밀이 된다.

새끼발가락

있는 둥 없는 둥
별반 생각이 없었는데
살짝 부딪히고선
온종일 절뚝거리며
생각을 했다.

무인도

하루하루 쉴 새 없이 바삐 돌아가다가
홀로 뚝 떨어진 것 같은 주말 아침에
하릴없어 텔레비전도 켜고
밀쳐둔 책도 봅니다.

그 누구의 방해도 간섭도 없는
잔잔한 음악에 진한 커피 한 잔과
못다 읽었던 책 속으로
꿈같은 하루인데

멍석 깔면 도망치는 지랄처럼
복기 되는 지난 미련 하나하나에
하소연할 누군가를 찾아서
핸드폰만 만지작만지작하고

아무것도 바랄 것 없다던
햇볕 쬐던 디오게네스 생각으로
시간도 멈춰버린 무인도에서
그때를 추억합니다.

소서(消暑)

된더위와 열대야로
여름이 최고조로 향하면
밤잠 설친 나는 지쳐만 가고
잿빛 하늘 푸르름은 더욱 짙어지고
조각난 그늘과 한 줄기의 바람을 찾아서
오케스트라 공연 앞둔 듯 매미들의 노래처럼
이글거리는 태양과 합을 맞추노라면
찬 음료와 젖은 손수건으로
일찍 깬 환한 새벽녘에
계절 앞서 일하시는
당신을 봅니다.

오후 두 시

천근만근이라는 눈꺼풀을 비비며
볕 좋은 오후 창가에 서니

한달음 떨어진 천성산은
거무죽죽한 계절에 머물러 있는데

바로 앞 화단 겨울나무에는
하얀 벚꽃이 만발이다.

목련꽃 그늘 아련한 그때로
흩날리는 꽃잎에 이끌려 따라가다가

그리움에 잠긴 눈을 비비며
쌓인 일로 의자를 당겨야만 했다.

보낼 수 없는 편지

새벽을 열며
문득, 당신 생각에

출근 시간도 잊은 채
커피 한 잔을 들고서
편지를 적습니다.

살결을 만지는
맑은 아침 바람과
또렷해지는 시간과 장소

창에 부딪힌 햇살처럼
반짝였다가 흩어지는
생각과 기억들

보내준 추억은
내 마음에만 아로새겨져
오늘도 답장은 붙이지 못합니다.

우두커니

여름 태양이 부지런 떨며 하루를 나설 때
나는 문을 닫고 어둠 속에서 두 손을 모은다.
새벽 예배당은 고요했고, 간절한 기도는
정오의 태양처럼 이글거린다.
오늘 해야 할 숱한 일과
스치고 지나가는 생각들이
머리에서 가슴으로 녹아들 때면
끈적한 액체는 목덜미를 타고 내린다.
열대야로 천근만근인 두 눈이 또렷해져 오고
가쁜 숨소리와 맥박이 스르르 잦아들 시간
짙어진 나뭇잎 사이로 찾아온 여름으로
나는 일어나 들어가야만 한다.

불볕더위가 예고된 칠월 첫날에
익숙한 교회 마당에서 알베르 카뮈의 이방인처럼
한참이나 그냥 서 있었다.

복날에

한낮 불볕더위에 목덜미를 물려서
맹수의 먹잇감처럼 너덜너덜해진 채로
침대 위 베개에 뒤척였던 밤이 지나고
열어둔 베란다 창틀 아래에서
매미 대신 참새 소리가
계절 앞선 서늘함에
잠에서 깬다.

작년 이맘때쯤은 그렇게나
많은 비와 바람이더니만
홀로 남겨진 올여름은
중부지방 폭우와 달리
마른장마로 달구어진 마음은
주책없이 삼키는 눈물로
걷고 또 걸었다.

엊그제 그랬던 것 같은데
까마득히 십수 년은 훌쩍 지나서
맞지 않는 추억의 퍼즐 조각 하나가
치맛자락 붙잡아 얻었던 풍선을

놓쳐버린 그날의 기억처럼
잊히는 당신의 날들이
아리고 아려서

함께 걸었던 온천천에서
온몸에 줄줄 흐르는 땀에도
당신 없이 혼자 걷는 길에서
가슴 먹먹함으로 돌아보니
주말 복날의 된더위가
잊힐 만큼 더 시린
하루였다.

혹시나

혹시나 얼굴 한번 볼 수 있을까
서성거렸던 그 골목길처럼

혹시나 등단 한번 할 수 있을까
편지 보냈던 신춘문예처럼

혹시나 기대 한번 할 수 있을까
가슴 졸이던 숱한 그날들처럼

혹시나 하는 생각에도
역시나 아무런 일은 없었지만

혹시나 했던 그 바람으로
견뎌온 날들이 총총 새겨집니다.

쉼과 심

광복의 날에
한바탕 집 청소를
하루 운동으로 땀 흘리고는
찬물로도 식지 않는 몸을
선풍기 바람에 말리며
달려온 세월 뒤에
지나갈 시간으로
쉼과 심을 생각하는
아침이다.

가을비 내리는 날에

일 년 전 그때도
오늘처럼 비가 잦았는지
들어선 가을 초입에
하염없이 내리고 있네요.

남은 여름은 더뎌서
땀만 닦게 하더니
지난여름 폭양에는
계절은 영원할 것 같았는데

오는 가을은 하루가 달리
지난 계절의 흔적을 지우는 것이
하룻밤 사이에 여름은
인사도 없이 떠나는군요.

가을 문 앞에 서니
당신의 빈자리가 너무 커서
비 내리던 그날과 같이
잘 가란 말도 못 하네요.

하늘 끝에서라도
기다릴 거라서

02

태풍이 지난 후에

발음하기도 힘든 이름의 태풍이
십여 년 전 매미 때보다도 강하다고
몇 날 전부터 속보와 재난 문자로
온 나라가 철통방어를 자신했기에
스치듯 지나간 바람이라 안도했건만
몇 번 갔던 바닷가의 폐허가 된 카페와
포항의 화재 그리고 지하 주차장 참사가
강 건너 불구경하는 것이 아니라서
자꾸만 뉴스에 귀가 가고
화면만 보고 있습니다.

나 홀로된 시간이
일 년이 되었다고 하는데
몇 날 전부터 문자와 단체톡으로
온 가족이 하나둘 모여서는
아무도 말하지 않는 그 이야기가
고맙기도 하면서 서운한 마음인 것이
크고 작은 사건 사고 소식이
나만 당한 것이 아니라서
자꾸만 무엇이 들어간 것 같아
하늘만 쳐다보았습니다.

태풍이 지나간 후에
찾아온 가을 하늘과 바람은
아무 일도 없었다는 듯이
청량한 속살을 드러내는데
그냥 지나쳐 버린 것들이
별생각 없이 보낸 숱한 밤이
혼자서 감당해 왔다는 것이
남 이야기가 아니라서
명절 앞둔 밤에도
한참을 서성이고 있습니다.

두 번째 추석을 보내며

별빛이 좋아서인지
달빛 때문인지
짙어지는 가을밤에
생각이 많습니다.

날이 좋아서 그런지
바람 때문에 그런 것인지
깊어가는 오늘 밤에도
밤잠을 잃었습니다.

손에 잡힐 듯이
커다란 보름달이
말이라도 걸어올까 봐
미리 붉어지고

살갗을 만지는
부드러운 갈바람이
편지라도 전해줄까 봐
먼저 설레는데

날씨가 맑아서
별이 더 반짝이듯이
두 눈만 멀뚱거리는 것이
아직도 잘 모르겠습니다.

꽃밭과 텃밭

시골에 기거할
작은 집을 짓는데
기초 위 뼈대 사이로
내비친 하늘이 고와서

그녀가 좋아하던
사시사철 꽃나무로
앞마당을 이쁘게 채울까?
발뺌으로 재어보기도 하고

아내가 즐겨 먹던
알록달록 푸른 채소로
마당 한가득 심을 생각으로
고랑 이랑을 한참 그려보는데

깊어진 가을 하늘에
땅거미가 내려앉으면
너무 앞서 나간 생각은
헛웃음 짓습니다.

가을

가려고 합니다,
멀리서 찾아왔습니다,

누이 같은 그녀가
내 곁에서 오랫동안
머무르길 바랐습니다,

곧 후회할 말인데도
내 마음은 알아줄 거라고

볕 좋은 오늘도
온갖 푸념을 버무려
모진 말만 담고 있었습니다.

홍시

일 년이 하루 같아
사백 년이 지난날에
당신이 좋아하던
홍시를 앞에 두고
오랫동안 바라봅니다.

하루가 일 년 같아
이틀밖에 지나지 않아
당신이 즐겨 먹던
홍시를 하나 들고
먹지를 못합니다.

홍시 색깔이 고와선지
당신 생각 때문인지
밤새워 뒤척이다가
아무 일도 없는 듯이
새벽을 나섭니다.

가을의 노래

닫힌 창가에
바위 위 물보라처럼
부서진 햇살이
발돋움할 때면

찬 바람에 여민
옷자락을 풀어 헤쳐서
흩날리는 한 조각까지
담으려 할 때면

푸른 들판에
형형색색 뽐내는
넉넉한 가을 열매가
흥겨운 노래를 부릅니다.

가을 선물

올해도
정성 담은
청도 반시를
택배로 보내왔습니다.

상자를
한참이나
바라보면서
쉬이 뜯지를 못했습니다.

내가
형이거늘
매번 이렇게나
고맙고 미안하게 합니다.

내년에는
시골 마당에
고랑 높은 무 배추로
가을을 사야 하겠습니다.

홍조 띤
너털웃음이
상자 속 홍시와
영판 닮아서 웃었습니다.

가을 앓이

불러도
불러도
떠나버린 계절은
뒤돌아보지 않았다.

붙잡지 못한 계절은
후회로 남아서
지난밤을 뜬눈으로
그리워만 하고

찾아도
찾아도
잃어버린 시간은
되돌아오지 않았다.

놓쳐버린 시간은
미련으로 남아
긴긴밤을 나 홀로
자책만 하고

떠나간 계절도
잃어버린 시간도
손꼽았던 숱한 밤도
가슴에 쌓아만 두었다.

오늘도 맑음

오늘 지나는 길에
거의 매일은
멍하니 바라보다가
어떤 날에는
쪼그려 앉았다가
발길을 돌렸던 이곳에

바람결이 살가워서일까?
가을 햇살이 고와서일까?
가만히 누워 보았다.
팔베개에 올려다본 하늘은
구름 한 점이 없어서
시린 마음 이곳에

새벽 예배당에서
독백했던 기도처럼
미안함과 그리움을 돌돌 말아
동전을 던지듯이
눈길만 찡그리고 있다
옹달샘 깊은 그곳에

멍들면 어쩌나!
파일까 걱정이면서
당신 닮은 눈동자 깊이까지
티 없는 하늘이라서
두 귀 쫑긋으로 쳐다봅니다.
오늘도 맑음에

마른 눈물

자연이 보여주는 색은 늘 곱다.
높게 드리운 가을 하늘이 그렇고
뒷산까지 내려온 단풍이 그랬다.

그 사람은 자연처럼 언제나 고왔다.
아이같이 해맑은 웃음이 그렇고
별거 아니라는 마음 씀씀이가 그랬다.

고운 단풍도 상처투성인 것같이
칠팔십 지나도록 곱게 살아 낸 길 위에
낙엽같이 쌓인 마음의 딱지가 그렇다.

갓 벤 풀 향기로 기억되는 그 사람이
불치병 이십여 년 끝에 딸자식 앞세우고
페북을 적신 마른 눈물이 그랬다.

일상으로 돌아가려고 아내 손잡고
가을 속으로 걷는다는 그 글이 애잔한데
그려지는 얼굴 하나에 내가 더 그렇다.

앞으로는

자라 보고 놀란 가슴은
솥뚜껑 보고도 놀란다더니
마주하는 일마다
경험만 들추고 있다.

보이지 않는다고
없는 것이 아닌데도
눈앞에 보이는 것에만
전전긍긍이라니

남의 밥의 콩이 커 보이고
하찮은 것만 내 손에 있다고
남의 탓에 투덜댄 시간이
지나면 후회로 쌓인다.

아무도 가지 않은 길을 가고
볼 수 없는 것을 보고
하지 않은 아쉬움보다
일단은 해보자고

뜻대로 안 될지라도
낭떠러지로 가게 된대도
다시 오지 않을 시간 앞에서
이제는 주춤하지 말자.

秋天(가을 하늘)

가만히 바라다봅니다
넉넉히 포근한 솜털처럼
기댄 머리를 품어 안아주던
당신의 가슴 같습니다

시리도록 푸르름이
가슴에 가득 차오를 때면
항상 힘이 되어 주던
당신의 마음 같습니다

감긴 두 실눈 사이로
비친 고운 햇살은
아픈 배를 쓸어 만져주던
당신의 손길 같습니다

가을 국 향이 밀려오면
낙엽 따라 뒤쫓아 가는 시간도
그리움으로 멈칫 서서
당신의 얼굴 추천합니다

걱정

세찬 비바람보다 더
세차게 흔들리던
담벼락 가에 핀
여린 잡초 한 포기

뿌리째 뽑혀 버리면
물길에 휩쓸려 버리면
나갈까 말까?
애만 태웠던 그날

아침부터 소나기가
무딘 내 마음에 퍼붓는 것이
곰비임비 그리움 때문인지
오늘도 생각만 더 합니다.

벽돌 쌓기
《파친코》를 읽고

섞이지 않던 순백의 역사는
벽돌 한 장에서 시작되었다.

따라 죽고 싶은 순간에도
눈물 한 방울 흘리지도 못하고
살려야 할 내 아이를 위해서
밥을 먹듯 이어가야 했다.

밀물같이 아무것도 없고
썰물처럼 다 빼앗긴다 해도

양진의 목숨 같았던 선자는
노아와 모자수를 살리기 위해
치욕과 저주, 죽음의 순간에도
그 일을 멈추지 않았다.

무엇이 문제인지도
어디서 잘못되었는지도

영화의 마지막 독백처럼
"내 진짜 힘들었거든예"
질겼던 역사가 마무리될 즈음에
괸 벽돌처럼 가슴이 얼얼했다.

흰죽

앞치마 두르시고
하얀 쌀을 씻어서
조리로 거르시고
뜨물은 모아 두셨다가

낮은 부엌 연탄불 앞에
쪼그려 앉으시고는
양은 냄비에 참기름 둘러서
불려둔 쌀을 볶으셨지요.

노릇노릇 튀겨지면
뜨물로 얇게 덮으시고는
톡톡 터지는 쌀 화산을
주걱으로 무너뜨리시고

먼지 쌓인 간장병에
감추어 두신 구운 김까지
호호 떠먹여 주시던 그 시절이
그립도록 생각이 납니다.

몸살감기 난 아이에게
병원 가보라고 타박만 했는데
오늘은 동네 가게 전복죽 대신에
흰죽을 끓여야겠어요.

정명(正名)

번호보다 이름을 부르자는데
딴죽 걸지 말라는 듯 비아냥 섞은
능청스러운 아이 앞에서
쥐구멍을 찾은 적이 있었습니다.

아마 태어나기도 전부터
두세 사람이 줄을 서면
작은 사람부터 아니면 나이순으로
번호가 익숙하고 쉬웠습니다.

새로 지은 시골집도
화산1길 16이란 번호판 하나에
보름 달빛 아래 예쁜 벽돌집은
고만고만해져 버렸습니다.

일제고사 등수처럼
숫자로 존재하는 세상이지만
추억으로 쌓이는 것은
소중한 이름들이라는 것을

선착순에 환호하는 일상에서
끝도 없이 올라가는 애벌레처럼
계속되어야 한다는 것이
불편하고도 아픕니다.

이심전심

하지 말라고 하면
더 하고 싶었던 그 일이
그만 돌아가야 할 시간이면
샘솟던 아쉬움처럼

함께하고자 했던 일들과
같이 가자고 약속했던 곳들이
동지 팥죽에 새알같이 떠오르면
막차마저 놓쳐버린 여행자는

밤하늘을 수놓은 붉은 십자가에
금방 먹은 저녁에도 허전이 밀려오면
이 마음 저 심정 그때 그곳까지
밤 배에 작은 노 저어가듯이

막다른 골목길 높은 담벼락 같아서
쌓이는 고민에 넋 놓고 주저앉았는데
그래도 괜찮다고 잘해왔다고 하시니
한적한 기도에 힘을 얻습니다.

안부를 묻습니다

당신이 떠난 자리에
무슨 정신인지 어떤 마음으로
기억은 가물가물하고
일 년이 지나갈 때쯤에
공사를 시작해서
얼추 다 지었습니다.

안부를 묻습니다.
나는 그냥그냥 지내고요.
거의 매일 찾아갔던 추모공원도
이제는 한 주에 한두 번밖에
공사가 한창일 때는
달에 서너 번도 가지를 못했네요.

쉬이 지나가는 날짜에
하고 싶은 말도 휩쓸려 갈까 봐
하나도 남지 않을까 하여
편지로 적는 것이 두서없지만
해가 뜨고 날이 가고 나면
언젠가는 알게 되겠지요.

겉으로 보이는 좋은 것도
내 앞에 닥치면 웃을 수만 없다는 것을
진작 알고 있었던 일상이지만
당신의 그 자리가 어딘지
새로 지은 소행성 마당에서도
한참을 바라봤습니다.

한 해가 지나가는 찬 계절에
이런저런 걱정과 기대 하나하나에
성질만 올리고 내리기도 하면서
나는 여기 그만저만하기에
이만 총총, 안녕하셔라
인사만 전합니다.

찬란한 새해

한적한 시골에
아담한 벽돌집에
낙향한 선비 흉내에
한 해는 가고 새해가 왔다.

멀리서 찾아온 친구가
반갑고 즐거운 것은
그때나 오늘이나
매한가지 같다.

겨울 긴 밤에
맴 저미었던 일에
꽁꽁 감춰둔 비밀에
한 해가 가는 줄도 몰랐다.

건강하게 잘 살아가자고
맹세 같은 새해 소망이
화산 위 일출처럼
찬란할 것 같다.

해처럼

눈 올 날씬데
해가 떴다.
보이는 해가
너무 동그랗다.
올해도
둥글게 살아보자.
저 해처럼
늘 부지런히
가끔 구름 뒤에 숨기도 하고
간혹 보름달과 숨바꼭질도 해서
덥게도 춥게도 하는 것처럼
좋은 일도 힘든 일도 많을 것이지만
올 한 해도 열심히 달려가 보자.
눈을 기다리는데
찬 바람만 불고 있어선지
오늘 아침
햇빛은 이뻤다.

시골과 광야

시골 작은 광야에는
없는 것이 투성이라서
무딘 손에 어설프기만 하지만
마음만은 차고 넘쳤다.

느리게 가는 곳이 광야라고
찰떡같은 생각뿐으로
한적한 여유를 그려보려는데
하루가 웬걸 폭포수 같다.

저녁 지나기 전에 밤이 속히 오더니
앞뒤 분간 안 되는 적막만 가득 채웠다가
새벽 동틀 시간이 한참 멀었는데도
부산 떠는 아침은 창밖에 와 있고

겨울 밭에 내린 하얀 만나에
출애굽 광야인 양 급하게 문밖을 나섰더니
밀려오는 빛살은 초보 농군을 비꼬듯이
찬 풍이 얼얼하게 희롱질했다.

비 내리면

종일 비가 오는 날이면
홍수에 물을 찾던 여름날보다
타는 목마름이 더합니다.

먼지 날리던 신작로 지름길 마다하고
개울 따라 좁다란 둑길로
행여 고무신이 젖을까 봐
먼 길 돌아갔던 그때가

삐걱대던 미닫이 열어두고서
막걸리 파전을 안주 삼아
취기에 수다가 도망칠까 봐
가난한 유학생 시절도

태연한 척 채워지는 술잔보다
빈자리가 사무치는 오늘 같은 날은
갈증에 숨넘어갈 듯이
부어 마시던 급한 마음도

오늘같이 겨울비 하염없이 내리면
그리움에 젖은 목마른 이야기를
빨랫줄에 한 장씩 널었습니다.

겨울비 II

비 내리는 주말에
운문산을 올랐습니다.

작년 상양마을과 달리
석골사 깊은 겨울 계곡 따라

앞서거니 뒤서거니
세상사 전부인 양 주고받으며

비 그친 오후에는
소행성 작은 시골집에서

책을 읽으며 불멍하는 사치에
홀로 추억에 자박 당하며

누웠다가 앉았다가
젖은 그리움만 주고받았습니다.

영화 《정이》

통도사 홍매화가 피었다.

계곡에 물소리가 들리고
검은 대지에 푸른색이 뿌려지면
죽었던 나무가 살아나기 시작한다.

영화 《정이》를 보았다.

우주에 식민지가 세워지고
아드리안 로봇들이 세력을 키우면
죽었던 전사는 복제 영웅이 되어야 했다.

영화를 보는 내내 생각했다.

수술비를 위해 죽어갔던 엄마가
복제되어 다시 앞에 선다면
엄마일까? 아닐까?

바램은 소망이 되어갔다.

죽었다가 다시 피는 매화처럼
꽃이 피면 복제된 당신일지라도
내 곁으로 돌아왔으면 한다.

한파에 가지산 가다

명절 마지막 날에
연거푸 날아오는 재난 문자에
걱정 반 기대 반 아침 일출과 함께
가지산 석남터널입니다.

오후 약속이 있다고
초보 산린이와 함께 간다고
우려 반 긍정 반 계단 길과 함께
앞서거니 뒤서거니 합니다.

영하의 매서운 강풍에
날숨 입김마저도 얼어붙어서
말수 반 휴식 반 느린 걸음과 함께
한 발 한 발 그래도 등산입니다.

중봉을 지나 정상에는
영알에 줄지어 선 산린이들 뒤로
셔터 반 포즈 반 인증 등록과 함께
가지산장 라면이 진국입니다.

서둘러 하산하는 사람들 틈에
뒤처졌던 산린이가 다람쥐가 되기도 하는
바람 반 햇빛 반 매운 한파와 함께한
추억 하나가 저장입니다.

불멍

장작더미 밑 붉은 혓바닥이 요염하다.
노란 불길은 광풍같이 휘몰아쳐서는
야금야금 구렁이 담 넘듯 점령해 가는데
검은 말뚝에 진하게 좌표를 찍고는
황토색 대군의 공격은 거침이 없다.
산화한 패잔병의 하얀 시체가
애처롭게도 하나둘 눈에 들면
찐 싸움을 피해 두어 걸음 떨어져
전달된 장작에도 화생방 반격이라
맵기는 사글셋방 주인장 같다.
진홍빛 승전가로 마지막까지 뜨겁게
푸른 제복 그때인가 싶은 것이
후유, 악몽 같은 영화 한 편이 끝난 듯
김 나는 무쇠 솥뚜껑을 열면
백숙 진하기는 시골 참맛이다.

닭죽

멀리서 찾아올 임 생각에
마당에 걸어둔 가마솥까지
가다 말기를 하네요.

인터넷 조리법에
장모님에게 물어본 비법까지
장작불 두어 시간 촌닭 백숙 걱정에
솥뚜껑을 열었다가 닫았다가를
하릴없이 바쁘네요.

너무 일찍 불붙인 탓일까요?
열띤 모임에 시간 가는 줄 몰랐나요?
다섯 시간이 훌쩍 지났군요.

서둘러 숯불 끄집어낸 무쇠솥에는
한솥 가득 잡은 국물은 어디로 가고
걸쭉하게 바닥 깔린 한 사발 닭죽에 둘러앉아서
주제가 바뀐 이야기에도 시끌벅적 때문인지
밤하늘도 넋 놓았나 보네요.

그게, 나야!

부러워하면 지는 것이라고
많이도 부러워했다.
부러워했던 많은 것들이
욕심이라고 말하지만
이만큼 온 것이
그 덕이라고

지는 게 죽기보다 싫었다고
악착같이 살아냈다.
부족한 많은 것들에
탓하며 자책한 밤이었지만
그래도 지금 내가
그 덕이라고

뒤돌아보지 못한 것은
여유가 없어서가 아니라
숱한 부러움과 욕심에게
팔아버렸기 때문이었다고
그래, 그게 나라고
이제는 말하고 싶다.

무뎌진 마음과 여유가 좀 붙었지만
막상 맡은 일만 앞에 두면
세 살 버릇 여든 간다고,
독한 직진남 되어서
살아내고 있음도
과분히 여기며

안부

그래
잘 지내제?
나도 그럭저럭 잘 있어!

어쨌든 잘 먹고 잘 자.
내 생각 조금 하구.
많이 웃어.

힘들제!
하늘 끝에도 길은 있을 거야.
포기하지 말고
그냥 쭉 가.

응원하고 있는 거 알지?
다음 만날 때까지
힘내, 고마워!

그리고 사랑해.

늘 그랬듯이

먼저 안부를 묻는 것 같아
오늘 또 힘을 낸다.

소나무처럼

《인생의 후반전을 시작합니다》를 읽고

늘 푸르고 예쁜 소나무도
가까이에서 보면
몸 뒤틀어 비명을 지른 듯
온통 상처투성이다.

그저 살아가는 것이
붙어있는 가지 때문이라고
송진을 쥐어짜고

쩌억쩍 몸이 갈라진대도
자리를 지키고
몸집을 키워야만 했다.

동향인 줄도
소녀 같은 풋풋한 모습에
갈라 터져서 상처 딱지가 떨어지는 것이
섬김과 봉사인 줄도 모르고
책을 출판했다고
인생 후반전을 시작한다고 해서

거리를 두고 본 소나무처럼
너무나 곱고 아름다워서
쉬이 읽어버린 인생이라서
응원도 축하의 말도
꺼내지 못한 채
시린 가슴만 얼얼했다.

봄을 기다리며

올해 핀 홍매화가
그때 그 꽃이 아니지만

시골 마당 가득한 햇살도
그날 그 볕이 아니겠지만

쑥 캐고 봄꽃 찾았던
그 시간이 생각납니다.

다시 같은 봄날은 없겠지만
그래도 손꼽아 기다림은

그때 수다 떨었던 홍매화도
그날 낮잠에 깜빡했던 햇살도
옛 추억의 아련함보다

기다리는 봄날은
새롭게 시작할 다짐입니다.

그대에게로

녹슨 나사못 하나
기름 한 방울
행복하였던 추억들
도토리 사진첩

가로막는 눈물
먹먹한 가슴
이를 악물며
한 장 또 한 장

미소 띤 흐릿한 기억
알 듯 모를 듯 박힌 글자
그 자리 그 모습
꽉 낀 듯 멈춘 화면

하늘 끝에서라도
기다릴 거라서
봄 향기에 얹어서
그대에게로

마음 한쪽에 심은
호박 모종 한 포기

03

새벽 세 시

별도 달도
숨죽인
짙은 잠에서

한 점 바람도
쉬어가는
어둠의 시간에

일어나기도
다시 잠들기도
애매한 생각에

한 줄 메모만
썼다가 죽였다가
걱정만 합니다.

졸업식장에서

아들 졸업식보다
시어머니 생신상이
먼저였던
어머니

졸업식에 온 아빠보다
친구들과 게임할 생각에
푹 빠져있는
울 아들

옛날이나 지금이나
철부지 아들들이
우선하는 것은
자기 생각뿐

휴가 내고 찾은
아들의 졸업식장에서
기억나는 사진 한 장
후회 하나.

당신의 마음을
그때는 알지 못했기에
오늘도 미안함만
어머니!

삼세판

삼세판이다
한 판은 싱겁고
왠지 두 판은 아쉽고
그래도 세 판이면 승복해야지

삶은 세 판이다
삼십까지 배워 자립하고
또 삼십은 열심히 벌어 저축하고
남은 삼십은 가진 것으로 베풀어야지

가난했던 전반전 끝나고
좌충우돌 후반전 지나면서
믿었던 주전 선수가 퇴장당했지만
인생 연장전도 준비해야지

행복한 사랑에 넋 잃고
가슴에 새긴 아픔은 별이 되고
남은 날도 해보고 후회해도 늦지 않으니
더 뜨겁게 뜨겁게 살아야지

끝나도 끝난 것이 아니라고 말하듯
구회 말 투아웃 지나 연장전 승부차기
종료 휘슬이 울리기까지
삶은 삼세판이라지.

진눈깨비 사랑

한 뼘 다가가면
두 걸음이나 달아나니
사랑하고 좋아하는 내 마음을
깔아 놓은 길목에서
종종걸음입니다.

매화 향 봄바람에
하얀 벚꽃이 필 때면
설렘에 밤잠 설치다가
반가움에 한달음으로
하얀 수줍음입니다.

짝사랑인가요
스토킹이라고요
그저 좋은 것을 어쩌지요
마음만이라도 전하려고
그런 것이라고요.

늘 함께하고 싶고
사랑으로 안아 주려고
찾아가고 다가간 내 사랑이건만

시린 눈물이 되어
진눈깨비로 내립니다.

진눈깨비

이제는 당신의 이름이
나를 눈물짓게 하지 않습니다.
하지만 자주
당신의 이름을 부릅니다.
지치고 아프거나
자존심에 생채기가 나면,

쓰다 만 당신 수첩, 긁적거리려
펼쳤다가 파지처럼 구긴 날이면
마지막 당신 모습이
가슴에 또 각인되어서
미안함이, 미친 듯, 나도
잘하고 싶다고,

ㅎㅎ, 이러면
추위는 벗을 수 있겠지?
봄은 오고 있는 거니?

불가사의

참으로 묘한 것이
군대 선임을 그렇게도 욕했는데
후배가 그 선임 빼다 박았다고 하고
고객 갑질이라고 징글징글한 욕을 쏟아내면서도
가전제품은 그 회사 것만 사게 되고
은행에서 금리로 옥신각신한 날 저녁 텔레비전에서는
파란색 배구팀을 응원하고 있었다.

과음하고 늦은 귀가에도
새벽같이 복국을 끓이던 어머니처럼
밤늦도록 게임을 하는 아들에게
간식을 준비하고 있으니
말보다 몸이 먼저 움직이는 것이
이해도 설명도 안 되지만
마음이 시키는 것이리라.

세상 전부가 등 돌릴 때도
찾아주는 단 한 명처럼
지난 긴 시간 몸으로 부대낀 관계가
참으로 기묘합니다.

노루귀

봄을 시샘하는 진눈깨비가
금정산 꼭대기를 백발로 장식하는 날
사진 잘 찍는 지인이 페이스북에
노루귀로 봄맞이를 합니다.

연이은 회식에 과식한 몸으로 찾아간
긴 계절 묵언수행 절간 같았던
온천천 물가에도 재잘대는 것이
봄 길잡이 푸름이 보입니다.

여리디여린 몸으로
차갑고 무거운 동토를 뚫고
가늘디가는 손으로
두텁고 어두운 계절을 열어서

아파트 화단에도 꽃망울이 맺히고
열린 물길 따라 마음 넉넉해지는 날에는
봄나물 한 채반 쏟아놓고서
막걸리 한 잔입니다.

한적헌

생각이 많았던 날에는
멈춰 서기를 자주 합니다.
몹시 바쁘기만 했던 때는
생각할 틈이 없었지요.

생각 없이 살았던 날이
생각보다 많았습니다.
시골에 작은 오두막을 짓고
한적헌(閑寂軒)이라 이름합니다.

한적하게 시간을 가꾸고
자주 찾고 싶은 한적한 곳으로
사랑하는 이들과 더불어서
금시(今是)의 성찰로

기도합니다.
몸과 마음을 세우고
주변을 돌아보는 여유로움으로
한적헌이라 이름합니다.

맞다*는 착각

많은 사람의 행복을 키우기 위해서
적은 이들의 아픔은 외면하고
층을 위해 기본은 다음으로
다수결에 박수하면서

고지를 공격하는 돌격부대처럼
먹잇감 사냥하는 맹수처럼
쉼 없이 달리고 달려서
정상인가 돌아보니

가까운 이들의 이름도 까먹고
정상은 어딘지 분간 안 되고
신기루가 또 부추기는데
더 더 더

잘 살아야 한다고,
성공하면 다 가질 수 있다고,
근데, 그게 무엇인지 어떤 것인지를
정말 아는 사람은 없었다.

* 문법적으로 '맞는다'가 바른 표기지만, 저자의 입말을 살렸다.

수건

내가 뽀송뽀송해야
당신을 닦아줄 수 있고

내가 축축하게 젖을수록
당신이 깨끗하게 되니

혹여 연탄불 오징어가 되고
내 몸이 젖은 생쥐가 되더라도

좋아할 당신 생각으로
오늘도 행복합니다.

그러면, 내 것이 될까?

단조성터 바윗길을 오르며
오르막이 짧았으면 했다.

급경사 비탈길 오르면서
아등바등했던 젊은 날이랑
힘들고 외로웠던 지난 시간이
걸음을 무겁게 하는데

문득 떠오르는 생각 하나!
힘들 때 힘든 그대로도 괜찮았어.
내가 원해서 하는 것인데, 뭘!
좋고 편안했으면 내 것이 될까?

그새 무너진 성벽 사이에서
취서산 목덜미가 보였다.

억새의 노래

바람이 부는 날이면 억새는
신불산 꼭대기 하늘 위로
목청껏 소리 지르며
비상을 꿈꾼다.

억새가 독수리보다
클 것으로 생각했던 그때도
넓은 보리밭 같은 곳에서는
주린대도 넉넉했다.

바람 뜸한 봄을 찾는 길목에
억새 바람길을 따라가며
무너진 성벽 널브러진
하늘 평원에서

찬란한 내 봄날을 또 기대하며
숨죽여 기다리는 억새 틈에서
하늘 바람 깨어나기를
소리 높여 노래했다.

봄을 심다

기다릴 때는 오지 않아서
하염없이 원망에 닫혔던 마음이
자리 잠시 비운 틈에 내린 여우비 도둑비로
조금 가라앉은 삼월 첫날에

나지막한 언덕에 지은 궁궐 같은 집에
집주인 너털웃음 닮은 아담한 정원 구경에
소나무도 단풍나무도 돌멩이까지
남의 밥 콩처럼 탐나는 것뿐!

있는 것은 있는 그대로
부족한 것도 부족한 대로
생각 말고 마음이 가는 대로
걸음하기로 다짐까지 하고서야!

일장기에 묻혀버린 만세 날 사십년지기와
육칠 년 되었다는 모과나무 한 그루를
한적헌(閑寂軒)의 찬란할 봄맞이로
넓고 깊게 심었습니다.

석양

천 리 낙동이 끝나는 강둑에 서서
붉은 노을 위 동그란 태양은
새벽 일출보다 더 고와서

상갓집 조문하러 가는 길이라
먼저 길 떠난 그리운 이들은
환영처럼 왔다 가고

아등바등 매달려 온 시간이
스치듯 지나쳐 온 차량 사이에
남은 것은 하나 없는데

붉은 아침이 저녁노을이 되기까지
어두운 곳에는 밝은 빛으로
추운 곳에는 따뜻한 온기 되어

이생 지나 빈손으로 가야 할 날에는
천릿길을 하룻길같이 푸르게
저녁노을은 일출보다 곱고 이쁘게

그런 것이 참 인생 산 것 아닐까?

흐릿한 발자국 위로 남겨진 길을 보며
하구언 뚝방길은 마음을 재촉합니다.

한적헌에서

넘침은 모자람만 못하다던데

삼사십 년 전 그 시절에는
꿈에서도 생각 못 할 것들이

한적헌에 잔디 심어 준다고
달려와 준 고마운 이들

온종일 쪼그려 앉아서
줄과 간격에 손발을 맞춰가며
심고 심다 남은 잔디도

냉면 곱빼기와 곁들인 점심 덕에
가마솥 아궁이 촌닭 두 마리와
한솥 남아버린 찹쌀밥도

넉넉한 것이 남 보기 좋아서
조금 더 한다고 한 것인데

나무 밑둥치보다 많은 물이
터진 둔덕 사이로 빠져나가는 걸 보며
부족했던 시절이 생각났습니다.

봄비 같은 사람

생각만 해도 미소 짓게 하는
그런 사람이 있습니다.

하루가 멀다고 들리는 산불 뉴스에
반가운 소식이 있습니다.

봄꽃 향기만큼 애타게
손꼽아 기다린 봄비처럼

한적헌에 잔디를 심고자
한달음에 달려온 당신이

오래도록 기억하고 싶은
바로 그런 사람입니다.

아침 I

해가 떴다
눈이 부시도록
찬란한 열정으로
하루를 시작하고 있다.

누가 보든지 말든지
구름 낀 날이면 부끄러워하고
찬 바람 불어오면 떨기도 했지만
매일 그 모습 그대로다.

더딘 걸음처럼 보여도
불안한 모습으로 비쳐도
아이들이 살아가는 삶의 걸음도
한결같았으면 했다.

해가 솟았다
시작하는 하루가 힘들고
설령 후회로 끝나 버릴지라도
아침을 시작하는 이유가 된다.

수레바퀴

돌고 돌아서 온 곳이
닳고 닳아 얻은 자리가
낯설지 않은 것은

거창하게 시작한 날도
마음 졸인 숱한 일도
시간 끝자락에는

누구는 윤회라 하고
또 누구는 진화라 하는 것이
비슷하지만 달라서

온 데로 가는 것이라고
변할 수 없는 사실이지만
아무 일도 없는 듯이

아버지도 어머니도
생각나지 않는 기억 속에도
돌아가고 있었다.

봄비 그친 목요일 오후

봄비 세차게 내린 탓인지
간밤 내내 몽상 속 헤매더니
새벽에 깨어서

하늘도 황급히 내려와서는
갈 길 바쁜 아무개를
길게 막아서고

철 앞서 뽐내던 벚꽃잎은
자유분방 축제한다고
아방가르드하고

연거푸 비운 커피잔으로
덜어낸 하품 한 번에
뒤쫓는 변명이

봄비 내린 목요일이라서
비 그친 오후여서
그래, 괜찮다고

봄 마중 II

오는 줄도 모르고
긴장하며 기다렸는데
기별이나 주었으면
마중이라도 나갔을 것인데

홍매화 피고
목련 그늘 찾아서
이곳저곳 기웃거렸다고
지쳐서 집에 왔더니

아파트 화단마다
하얗고 노랗고 파란 것들이
여기저기 앙증맞은 눈짓으로
반갑게 인사를 합니다.

고헌산 다짐

흐린 날 비 올까 걱정하며
고헌산을 올랐습니다.

그제 내린 진눈깨비는 깜빡하고
영상 기온만 머리에 넣은 건지
배낭에서 아이젠을 덜어내고
무슨 마음인지 스틱도 밀쳐두고서

부지런한 산린이는 걱정만 가득
"아주 미끄럽습니다"라는 말에도
'뭐 이쯤이야!' 하는 교만은
몇 번인가 엉덩방아를 찧고 나서

흐르는 것이 땀인지 얼음물인지
발아래만 보고 오르기를 시간 반 동안에
높은 서봉을 지나 정상 예쁜 길까지
추억은 힘든 만큼 더 쌓아갔지만

만만히 본 영남 알프스에서
미끄러지고 넘어지면서

체험처럼 되뇌는 한마디 말은
언제 어디서나 '겸손'해야지

흐린 날 고헌산에서
다짐하고 다짐했습니다.

봄볕 며느리

하루 달리 벚꽃 만개하고
마스크 벗은 상춘객은
분주하니 길 나서는 날

봄볕 가득한 시골집 마당에
잔디 깔고 나무 심는다고
숯불구이 맛났는데

오랜만에 친구의 귀엣말에
영문 몰라서 동문서답할 때
며늘아기 아니라 다행이라고

거울 앞에는 새까만 얼굴 하나가
알 듯 모를 듯 닮은 꼴 초로는
아픈 팔만 주무르고 있다.

소리(音)

도시의 소음을 피해서
한적한 시골에 왔다.

새로 지은 이층집에서
이중 창문에 암막 커튼을 치고
머리 위로 이불까지 덮으면

허공을 메우려는 수탉의 외침도
봄을 쫓는 농군의 분주함도
점점 더 멀어져 가고

감긴 눈꺼풀 사이로
잿빛, 우주 영화의 한 장면으로
나 홀로 떠나는 추억 여행에

잡음마저 그리워질 때면
엘피판 볼륨을 높인다.

뒷모습이 아름다운 사람

목덜미 찌르는 게 성가셔서
면도하듯 짧은 머리가
군인 같다는 말에
한동안 장발을 했고요.

마음도 가난했던 날에는
눈살 찌푸리는 일로
눈 한번 찔끔한다고
신발 끈 묶는 척했지요.

마스크 벗고 만난 어제는
넘치도록 반가움 큰데
서로 계산한다고
앞서서 카드를 냈지요.

앞만 보고 달려온 지난 일이
가슴에 짐으로 남아서
약속이나 한 것처럼
모두 부리기로 했네요.

아픈 손가락

벚꽃이 만개한 터널 길을
아침 햇살 뒤로 출근하는데

열병하듯 지나쳐 온 길가에
봄을 잃어버린 듯 앙상한 나무 하나가
화려한 꽃보다 눈에 안깁니다.

늦더라도 처지더라도
힘을 내야 한다고
끝까지 포기 말라고

아픈 손가락 같은 우리 집 아이가
초라한 모습의 그 녀석 같아서
안타까운 마음으로

예전에는 하지 못했던 말로
퇴근길에 시간을 멈추고
가만히 쓰다듬었습니다.

한 걸음

아득한 시간의 끝에서
기억나는 것들은 어렴풋이
당신이 가고 홀로 남겨진 시간
도시의 거리 속으로 걸어갑니다.

기억의 조각을 맞춰가며
생각나는 것이 맞는지 틀리는지도
낯선 도시에서 잃어버린 추억을 따라서
오늘 밤 옛 시간 속으로 걸어봅니다.

예상보다 뜸한 인파 속에 섞여
추억이 아련한 옛날로 기억되는 것이
채워지지 않을 당신의 빈자리에는
허전이 가득 차 있었습니다.

화려했던 그 옛날의 무용담들이
가슴 끝에서 한 올 한 올 풀려나와
함께한 이들과 도시의 유목민으로서
아름답고 행복할 오늘을 걸었습니다.

봄 지나며

화려한 벚꽃이 떨어진 길가에는
곱디고운 새순이 자리합니다.
맑은 햇빛이 가득한 뜰에서
당신의 넓은 품 그리며
한동안 멈춰 섭니다.

매년 같은 꽃인 줄 알았는데
작년과는 다름을 알았습니다.
따스운 바람이 넉넉한 꽃길에서
당신과 함께했던 추억에
생각이 잦아집니다.

개나리 진달래 지천인 봄이 지나면
내년에도 또 봄은 찾아오겠지요.
작심삼일 쳇바퀴 같은 하루는
당신 없는 두 번째 봄날에
아직도 먹먹합니다.

왔다가 지나가는 봄이지만
설렘으로 손꼽아 기다립니다.

한 번도 같았던 적 없는 봄날이지만
혹시 소식 들을까 하여
미련은 남겨둡니다.

부활의 아침에도

눈부신 사월의 태양
마당 가득 채우는 따사함
너른 들판 청보리의 푸르름이

내가 져야 할 십자가는
주님 어깨에 다시 지우고
여행지처럼 찾던 골고다 언덕에서

고난주간 일주일
새벽기도 한 시간에
모든 걸 다 이룬 것인 양

삐딱한 시선으로
십자가 위 강도처럼
어리석은 죄인인 줄도 모르고

부활의 아침에도
부산을 떨고 핑곗거리를 찾아
주님 오실 언덕에 눈 하나 걸쳐두고서

언제 오시나요?
주님, 어디쯤 오시고 있나요!
먹통 스마트폰에 투덜대고 있다.

바퀴벌레

"아빠" 딸이 톡을 보내왔다.
반가운 마음에 냉큼 열었더니

"제가 만약 바퀴벌레가 되면 어떡하실 건가요?"
그것도 "어느 날 아침 갑자기"

시쳇말로 '헐'이다.
고민, 고민하다가

"예전에 읽었던 개미도 아니고,
핵전쟁에서도 살아남는다는 바퀴벌레라."
"글쎄다. 어떻게 해야 할까?"

다큐일지 예능일지
우물쭈물하는데

"그래서 어떻게 해요?"
"궁금궁금" 막무가내 재촉이다.

"아하! 어찌할까?"

"어쩔 수 없이, 나는 바퀴벌레 아빠네."
"바퀴벌레로 살아가겠지, 나도 궁금 ~~~"

한적헌 여행

한적헌의 전날은 여행자의 마지막 날처럼
너무 빨리, 아쉬움과 피곤함으로
어둠이 마당을 가로질러
밀려오는 군대 같다.

한적헌의 아침은 여행지의 첫날처럼
너무 급히, 부산함과 설렘으로
어둠이 물러나기 전에
명령 떨어진 돌격대 같고

옛 노래처럼 소 치는 아이는 보이지 않고
너무 속히, 부지런과 능숙함으로
어둠과 한평생 쌓아 온
묵직한 일기장처럼

수탉의 울음소리와 햇살의 늦은 게으름이
마당을 지나 한적헌에 다다를 때까지
어둠이 지나간 자리에서
기억을 기록하고 있다. 나는,

보리밭에서

작년에 보았던 청보리의 기억은
올해도 마당 건너 보리밭에
푸르름으로 가득한데,

봄 농사 나온 농부의 한숨은
돈이 안 된다고, 봄 가뭄에 타들어 가고

새싹보리도 재미가 없었다고
보리쌀은 내다 팔 곳이 없다고

그래도
보리밭 향하는 농부처럼

알아주는 이 하나 없어도
삼십 년 쳇바퀴 같은 보리밭에도
일상처럼 습관이 된 듯 골골마다 정성입니다.

4월에는

천성산 자락에 한동안 머물던 연록이
정상까지 한달음 푸르름으로
내 마음마저 촉촉해지면

아주 작은 소망 하나를
거름 듬뿍 부어 호박 모종 심듯이
내 마음 한쪽에 심습니다.

햇볕 뜨거움과 세찬 비바람에도
연둣빛 새싹으로 피어나서
내 마음에 단단히 뿌리내리기를

춘곤증 나른한 오후
햇살 머문 담벼락에 기대고 보니
내 마음은 벌써 꽃과 열매에 가 있네요.

취하고 싶다

모두가 똑같아야!
한눈에 보기 좋은 군무처럼
다름이 용납되지 않고
다양한 세상에도
틀린 것으로

세상 역사는 다른 또 하나가
이단아처럼 삐딱한 서투름에서부터
하나둘 돋아나는 새싹이
무성해진 계절에는
굳은 땅처럼

무엇인가에 재단되고
당연히 그래야 하는 그런 것인 양
남들에게 좋아 보이는 것보다
나 하나의 즐거움에
만용이라 해도

빨간 옷도 입어보고
길게 수염도 길러 거울 앞에 서더라도

일탈처럼 무인도에 사는 것같이
다른 무엇인가에도
수고 더하고

다음 날 후회하더라도
오늘 그러고 싶다.

불청객

황사가 심하던 날처럼
비 온 다음 날 아침에도

작고 연한 것들이 막아서서
한 치 앞도 분간 못 하게 하듯

숱하게 함께했던 인연도
작디작은 돌멩이 하나에서

마음이 마음을 닫아걸더니
거친 빈말만 남발되고 있다.

파란 잔디 위
하얀 공은
농인지 재미인지

04

아침 II

아침이 좋다.

새것처럼 맑은 공기의
상큼함이 좋다.

꽉 채운 자동차의 기름처럼
넉넉함이 좋다.

살결에 닿는 신선한 바람의 촉각과
깃털처럼 가벼운 발걸음이 있는
아침이 너무 좋다.

하지만, 아침이 진짜 좋은 이유는
또다시 달릴 수 있기 때문이다.

리셋한 어제와 다른 오늘 하루를
응원하고 있을 당신이 있어서

아침이 참 좋다.

얻음과 누림

많이 얻으려고 했습니다.
내 손으로 모든 것을 이루어야 한다고.
될 수만 있다면 할 수만 있다면
더 많이 더 크게
내 것을 만들고자 했습니다.

그게 행복이고
그것이 살아가는 목적이라고
그래야만 하는 것이라고
모두가 정답이라고 외치는 것 같아서
찰떡같이 믿고 또 믿었습니다.

이제는 많이 누리고자 합니다.
여행자의 짐은 될 수만 있다면 없어야 한다고.
돌아갈 곳이 정해진 사람에게는
넓은 땅도 좋은 집도
내 것일 필요는 없는 것이니까요.

존경했던 분도 좋아했던 사람도
자기가 아끼던 것 하나 제대로 챙기지도 못하고

하나둘 떠났고, 더 자주 돌아가겠지요.
그리고 언젠가는 나도
아름다운 기억만으로 좋겠습니다.

지팡이와 막대기

비닐 덮은 긴 이랑에
고추나무를 옮겨 심고

작은 모종 한 포기 한 포기에
키 큰 막대기를 줄 맞추어 꽂고

지팡이 같은 말뚝을 깊게 박고는
긴 줄로 꽁꽁 당겨 매었습니다.

여름 태풍에도 상하지 않고
싱싱한 고추가 자라기를

힘든 골짝 길에도 지켜주셨던
지팡이와 막대기 생각으로

겁날 것이 없는 군대 같아서
언제나 함께하기를 바랐습니다.

돌 던지지 마라

내 마음은 호수 물결
봄바람 살랑여도 흔들리고
지나가는 구름에도 그늘진다.

내 작은 호숫가에
누구는 다가와 노래 부르고
또 어떤 사람은 돌멩이질한다.

매번 생각하는 것이지만
그냥 아무 일 없었다는 듯
씽긋 웃어줄 수 있었으면 좋으련만

돌멩이질하지 마라
호수 속 아물지 않는 상처가
시퍼렇게 시퍼렇게 가슴을 두드리면

별들이 내려앉는 외로운 밤마다
흔적 많은 노송을 부여잡고
호숫물에 뛰어든다.

비 오시고

무심하게도
단비가 오시는데
밤새 곯아떨어졌다니
예보된 날씨에도 긴가민가
눈으로 봐야 직성 풀리는 도마처럼

한가롭게도
비 오는 시골에는
동시에 모든 게 동작 그만
늘어놓는 고단한 삶 보따리도
쉼이 어설픈 게 미리 하는 걱정처럼

복잡하게도
가마솥 닭백숙을
반가운 손님 오시는데
이리저리 잔머리 궁리들로
수북하게 널브러진 퍼즐 조각처럼

비가 내리면
언제 어디서 인지도

꼬여버린 실타래 끝 쫓아
소행성 여행하는 어린 왕자는
길 찾아 마당에서 사라지는 빗물처럼

위양지에서

바르게 살아왔다고
이웃에게 짐은 되지 않았다고
크게 용서를 구할 일은 없었다고

하지만, 타인을 위해서
긍휼의 마음으로
살지는 않아서

천 년도 앞선 시간에
배불리 먹이고자 둑을 쌓고
쌀밥나무로 연못을 감싼 그 마음이

먹을 것이 부족해서 더 철없던 시절에
나는 배부르다던 어머니 말에
혼자 다 차지했던 것이

삶의 무게만큼 굽어진 지 오래된 나무가
애잔하고 그리운 어머니 같아서
보고 또 안아봅니다.

또 비 오고

먼지 날리던
봄 가뭄에
태풍이라도
반길 듯이

여름 장마같이
또 내리니
고마움 어디 갔는지
지긋지긋하고

넘침은
모자람만 못하고
지나침은 예가 아니라고
하고 나면 후회인 걸

남아도 부족해도
말뿐인 자족 놀음 같은 것이
광야에서 간사했던 아무개가
바로 나! 입니다.

새벽 십자가

간밤 폭우가 멈추고
칠흑 어둠이 걷혀 가면
장화에 삽자루 어깨 두르고
찾아간 고추밭 감자밭은
물먹은 스펀지인 양
초보 농군을 희롱하는데
물길 깊게 땀방울 더하고
재미가 노동이 되어갈 즈음
굽은 허리 기지개질에
십자가가 눈에 들어오고
뱃사공 인도하는 등대처럼
그 자리 그 시간에
알아줄 이 하나 없어도
여전히 존재하는 한 사람이기를
젖은 손으로 드리는 기도가
주님, 지난밤도
감사합니다.

이유 있는 자유

새가 예쁜 것은 쉼 없이 날개를
폈다 접었다 하기 때문이지요.

사냥꾼은 죽은 새를 소유할 수 있어도
살아 있는 예쁜 새는 가지지 못하듯

나의 자유가 오래도록 존재하려면
타자도 자유로워야 하겠지요.

새처럼 자유로이 날아다니고 싶은 마음뿐인데
주변 사람이, 애썼던 친구가 자꾸 눈에 드네요.

나이, 먹는 것인지 가는 것인지 잘 모르지만
잊고 있었던 것들이 허투루 보이지 않네요.

지나쳤던 것에 대하여

올라갈 때 보지 못하고
내려오면서 본 꽃을 노래한
시인의 마음으로

지나쳐 왔던 많은 것에
소소한 즐거움과 아파한 것들이
찰나의 빵 터짐이라고

이 나무 저 나무로
쉼 없이 노래하는 종달새도

마당 잡초 이파리 색도
분초마다 달라 보이고

생각 없이 떠밀려 온 시간 동안
버리긴 뭐한 내 손때가 묻은 것들
선택의 순간 햄릿처럼

다시 지나쳐 가야 할 그것들은
돌아갈 집, 반겨줄 이 기다리는
탕자의 마음으로

질 때가 많아도

계절이 내려오는 시간에
한 달 지난 페북에는
이겨 내시라 하고
명절 겸해 안부 묻는 지인에게
그냥 그냥 지낸다고

하늘의 별이 된 지 일 년에
그날은 엊그제 같은데
이겨 내야 한다고
두 손 잡아 기도해 주던 권사님의
부군이 쓰러지셨다고

야속하고 분한 이생 길에
내 생각과 다른 것이라 해서
꼭 이겨야만 하나?
때로는 질 때가 더 많아도
세월은 흘러가고

아프면 아픈 대로
어제가 지나 오늘이 오듯

이겨 내는 것이 아니라
오늘이 지나면 또 내일을 만나서
그렇게 넘어가고

또 지겠고
더 많이 지겠지만
그곳으로 가고 있는 시간이라서
세월 지나 하늘 끝에서는
다시 만날 거라고

하릴없이

하늘도 땅에 기대어
잠을 자는 시간에

끝내지 못한 과제로
밤은 깊어만 가는데

머리도 식힐 겸 짬 낸
진한 커피 한 잔은

칠흑 어둠 무대 위에는
밤안개 커튼 사이로

농익어 가는 닮음 하나가
하릴없이 서 있다.

돌 줍기

겨우내 다져진 텃밭에서
분간도 안 되는
크고 작은 돌멩이를
줍기로 했습니다.

트랙터로 갈아준 텃밭은
푹푹 빠지는 신발에도
보물찾기 소풍처럼
재미도 있었습니다.

몇 밤 지난 봄비 다음 날에
보이지 않던 돌멩이들이
촛불 위 비밀 편지인 듯
솟구쳐 보였습니다.

알 듯 모를 듯 내 죄악도
주님 오시는 그날에는
비 맞은 돌멩이처럼
또렷하게 적혀있겠지요.

손발 더딘 초보 농군 돌 줍기가
하나, 둘 버리는 돌멩이마다
회개 기도 하나, 둘, 셋
울퉁불퉁 돌담으로 쌓여갑니다.

후회 Ⅲ

낮잠 때문인지
과한 커피 탓인지

자정 넘어가는데
깨어 있을 누구에게

아무런 주저함 없이
전화를 걸고 싶었습니다.

행복한 사람인지
정신 나간 미친놈인지

당신 같은 밤 별에게
내기라도 걸고 싶어서

일어났다 앉았다가
폰만 만지작만지작했습니다.

딴 세상

문득
새벽 세 시
창밖 세상이
궁금했다.

가로등
비닐하우스
교회 십자가
불빛만

바람 소리
개구리 울음소리
닭 짓는 소리도
멈추고

땅 그리고 하늘이
칠흑 어둠에
서로를
껴안고 있다.

부러우면 진다는데
창호지 구멍 속
밀회 보듯
침만 삼켰다.

형해화

참새가 죽었다
창에 머리 처박고
갑자기

한 줌도 안 되는데
관습 따라
묻었다

나무 십자가는
어린 조카가
꽂았다

한번 겪어보지 않아도
많이 해본 듯
그렇게

한치 주저함 없이
조카와 나는
해냈다

새벽이라서

새로운 날
깨끗한 공기는
짙어지는 잡초 무성하고

신선함에서
갓 벤 풀 향기도
무논 빠진 장화는 녹초 되어

꿀잠 기지개로
또 오는 하루이지만
한달음 마중으로 맞이하는

아쉬운 오월
대체휴일 새벽이
깜짝 선물이라서 더 좋았다.

독백

출근길에 전화다.
너무 이른 것이 아니냐고 미안해하며
오늘 시간이 되면 한번 보자고 했다.

늦은 나이에 공부한다고.
자주 만나 생각을 나누었던 그때가
강산 한 번 변하고도 삼 년이 지나가고 있다.

먹고살기에 바빠 미안하다고
상처한 후 어찌 살아가고 있냐고
자리에 앉기도 전에 살뜰히 챙기고 있다.

열정 다했던 사업이 틀어지고
암 투병하는 아내 뒷바라지에 미안해하고
시간강사로 동분서주하는 예닐곱 위 동기다.

바쁜 시간 뺏었다며 밥 한 끼 못 샀다고
서두르는 허탈 웃음에 또 전화할게, 하고는
예전에도 털털대던 그 차량에 오른다.

보이지 않는 뒷모습에 독백처럼
세상 공평하지 않다는 그의 말을
곱씹어 말해본다.

하나를 얻으려면 다른 큰 것을 잃을 것이지만
해 봐야 한다고. 헐인데도,
맴돌고 있었다.

변덕

어제오늘 변덕 날씨가
우리 아들 아침저녁 같다.

거침없이 모든 것을 쓸어버릴 듯이
장대비가 사정없이 내리더니
오늘은 언제 그랬냐는 듯
햇빛만 쨍쨍하다.

잠 많은 울 아들 아침도 거르고
도축장 끌려가듯 불쌍했는데
모의고사 망친 저녁에도
웃는 것을 보니

비 내리면 쉬었다가 바람 불면 누웠다가 가자고
단거리가 아니라 마라톤이라고 했지만

발만 동동 안달하는 내가
어제와 오늘 같다.

뭐 할라꼬

아흔 가까운 울 장모님
입에 달고 사는 레퍼토리 "뭐 할라꼬"
혼자된 사위가 안쓰러워서
바쁜 일에 부담될까 봐

맛나하시던 갈비탕 한 그릇
좋아하시던 꽃구경도 "뭐 할라꼬"
불편한 당신 몸 걱정이라고
알 듯 모를 듯했는데

유모차 앞세운 굽은 허리 더 숙여서
감자 심고, 상추씨 흩치면서도
"뭐 할라꼬, 뭐 할라꼬"
사랑한다, 다 지나간다고

갈림길

믿었던 일은 희미해지고
새 길은 아직 보이지 않을 때도

아무도 관심 없는 너의 아픔이지만
나는 알아, 너만을 응원해!

고통이 지나고 상처가 아물면
웃으며 이야기할 때도 있을 거야!

세상 그 누구도 정답은 몰라
그저 그렇게 보일 뿐이야.

힘내! 힘을 내야 해
네 길을, 뚜벅뚜벅 그냥 걷는 거야!

저장된 기억

서른이 다 되어가는
우리 딸들에게서 문득문득
서너 살 어린이집 때가 보이더니

사십 년을 넘겨 만난
고향 친구에게서 오롯이
열댓 살 학생 때가 생생합니다.

도화지의 밑그림처럼
첫 만남이 오래도록 남아서
글이 되고 삶이 되었다는 것을

먼 길 한달음에 찾아온
사십년지기와 가지산에서
저장된 기억에 깔깔거렸습니다.

잡념

여름이 잠시 주춤하는 사이에
기약하고 싶은 설렘으로
발길 멈춘 그곳에는
정갈하게 줄지어 선 표지목과
갓 베어낸 잔디의 내음이
당신의 익숙한 향기처럼 정겹다.
헤어짐에도 아껴두었던 미련과
이별 앞에서 내뱉은 모진 말들은
퇴색되어 부서진 옛 담벼락에
회한으로 걸쳐 있는데
남의 속도 모르는 뒷산의 싱그러움과
까막까치 두어 마리의 정다운 비행
그리고, 묘비에 아롱진 헤픈 웃음은
시리고 사무치는 서러움
한 움큼씩 덜어내기로 했다.
외롭지 않았으면 한다.
아프지 않았으면 좋겠다.

나도 그랬으면 하고

6월의 연인

푸르름 짙어진 고향 뒷동산에
짝 찾는 뻐꾹 노래 커지면
두견 소쩍새 솔 적다고
캐논 변주 더하는데,

바람 없고 맑아서 더 좋은 날
앞서거니 뒤서거니 맞춰가며
치고 걷고 나누었던
우리들의 이야기가

올망졸망 일곱의 사십 더한 세월에
파란 잔디 위 하얀 공은
농인지 재미인지
웃음꽃 피고

잊고 지나쳐 왔던 그때 그 여름 꽃밭처럼
원색만으로 자랑질하는 야생화들도
창밖 세레나데 노래 부르던
미소년같이 예뻤다.

저만치에서

푸르름이
발목 적시는 날에
익숙했던 많은 것들이
어색해지면

한 마리 새가 되어
날아가 버린
하늘 작은 별이
당신인 양 쳐다보고

육백열다섯 날
봄도 두 번 지나건만
금방이라도
나타날 것만 같아서

나무 그림자가 생소한
자주 왔었던 그 골목길 어귀
저만치 내걸린 그리움이
왔다 갔다 합니다.

흉

뭘 자꾸만 가르치고자 하는 사람을 만나면 꼬이는 배알, 틀린 말 하나 없지만 뒤틀린 삐딱선은 내 얼굴에 박힌 흉 자국을 만지는 것 같다.

나도 모르게 가르치려는 버릇은 몸에 밴 홀아비 냄새처럼 옆 사람이 먼저 알고, 밥맛 다신다.

늘 항상 그래 왔던 것 같이, 맞닥뜨려진 것을 그대로 받지 못하고, "이런 것은 이래야 하고, 저것은 저래야 해." 답정너처럼.

가르치려는 것도, 그 말도, 그 분위기도, 극혐하면서도, 정작 글을 쓸 때면 더 덤벼댄다. 국어 공부인 양, 주저 운운하고, 밑줄도 빡빡 긋고, 고개 쳐들고, 국물에 껄떡지 없다고 투덜이다.

가르치려 들지 마!

한번 자리 잡은 자랑과 연민이라서, 내 몸의 검버섯 같아, 얼굴 흉터가, 또, 자꾸만 는다. 이번 것은 주름진 나잇살보다 더 깊게, 더 선명하다.

두 개

내 마음속에는
항상 두 개가 있다.

역시나, 그렇지 하는
작고 까만 도사견 한 마리와
혹시나, 그럴 수 있겠지
하얀 털이 수북한 안내견 한 마리다.

후회하고 변명하기를 순간순간
밥 먹듯 해오면서도
사소한 것에서
크고 중요한 일까지

깜정과 하양, 두 개 사이에서
나는 늘 머뭇거린다.

상추밭에서

상추는 이슬 머금은 새벽 것이 좋다.

핑곗거리로 한 주 건너뛴 시골집
텃밭 한 모퉁이 상추가 호박잎만 하다.

몰래 훔쳐 먹는 것이 맛있다고
티셔츠 차림으로
여름 해가 깨기 전에
가만히,

이슬 젖은 운동화
통증 올라오는 종아리와 허리
침침해지는 눈알
까맣게 물든 오른손 엄지와 검지 손톱

상추쌈 좋아할 아이들 생각으로
딴다. 큰 놈, 실한 놈 가리지 않고 부드러운 녀석과
여린 놈까지, 이슬이 도망치기 전
태양이 쫓아올 때까지

근데, 상추밭에는 상추만 있는 게 아니네!
작년에 심은 것인지 들깻잎 두어 개
이름도 모르는 풀때기 서너 놈 쳐버리니

상추가 한 상자 가득이다.
아 참, 다음에는 긴팔 셔츠다, 꼭.

먹이 피라미드

예쁜 시골집에는
불청객 파리가 많았다.

울산 새시 업자는 부탁한 지 수 날이 지나서야
입구마다 잔구멍 자동문을 달았지만, 파리채는 필수였다.

그러고서 두어 주 지난 오늘 보니
마당 건너 건너 대추밭 노닐던 참새인지 직박구린지 한 녀석
달포 전에 우리 집 유리창 처박아 조카랑 묻어 주었는데
조문 온 것인지, 잔디마당에, 봄에 심은 묘목 위 떼거리로 낮게 날고
널찍한 대청이 장례식장인지, 놀이터 삼았다.

그림자도 짤막해진 한낮의 유월에
작은 새 날갯짓, 미세한 바람, 창문 커튼도 한들한들,
갑자기 날아든, 매인지 꿩인지 비둘기 닮은 덩치 큰 녀석 서너 마리
창문 열어둔 채, 시골집에 자리를 잡고

이태백 꿈꾸는 초보 농군도

지난봄 산불 복구하는 기계 소리, 불청객, 이사 온 사과나무 평화, 아무 일 없이, 자기 일만 했으면 했다.

연년생

우리 집 두 딸은 연년생

작고 귀여운 언니는
교대 근무하는 간호사
크고 똑똑한 동생은
밤잠 설치는 연구원

몇십만 원 호가하는 외출복은
네것 내것 없이 호호가가
단돈 몇만 원의 책 한 권은
불천지 원수 삼사일

우리 집 첫째와 둘째는
삼십년지기 절친

깜정댕이

무쇠 가마솥 걸어두니
닭백숙 전문이다.

물 잡고, 장작 두어 개, 토치 잡고
불쏘시개 호호 불던, 매운 눈물 추억되니
불멍시간 여유롭다.

장모님 손맛 배운 촌닭 두 마리
엄개나무, 무 양파 더하니
장작불이 진심이다.

쬐끔한 아래채 정지 무쇠솥은
쇠죽 노역, 구워 먹던 청보리쌀에
숯검댕이 얼굴, 누런 이빨.

반쯤 감긴 눈, 옛 기억 닳아서
백숙 국물이 무쇠 같다.

고해

시간은 깊어지는데
깨어있는 머리는
큰일 앞둔 사람처럼
생각에 생각이
멈출 줄을 모른다.

꼬옥!
무슨 모의라도 하려고
계략이나 짜는 건지

대형사고 뉴스가 터질 것 같아

이태 전
그날
그 밤에
사실은 무서웠어!

오늘도
아마, 또
더
그럴 거야…….

스냅 사진

전시장에서 걸려 있는 전문 작가의 풍경 사진 보다가
낯선 작가 얼굴이 있는 스냅 사진에 눈길이 멈춘다.
얼굴에는 숨겨둔 비밀이 한 가지씩 있다.
캐고 싶은 마음으로 한참 동안 눈치만 살피다가,
태연한 척 비밀 한 장,
나도 찍었다.

여름 텃밭

땀이 난다.
가만히 있어도
잡초는 더 무성해지고
베어도 베어도

서투른 백년손님
한낮 불볕에도 겁 없어서
걱정 더하는 구순 장모
주름살 깊게 패고

젖은 이슬
새벽 걸음에 말려서
찾아드는 꽃나비 희롱질에
여물어 가는 여름 텃밭

땀 범벅 허튼 농사일에도
주말 사위 진심이 보여
"아서라" 두 손 내젓던 미소가
낯설지 않아 그립다.

편식하는 사회

먹을 것이 없었던 그때는
남긴다는 것도
골라 먹는다는 것도
언감생심이었다.

먹고살 만해진 탓인지
눈길 안 가는 반찬에
버려지는 음식쓰레기 육백만 톤
매년 날려 보내는 이십조 원

좋아하는 것만, 무례한 자기애는
마주 보고 달리는 기관차가
반찬 문제가 아니라서
남북으로 갈라선 갈등 유발자로

사사건건, 내 편 네 편 짝지어
한 치 양보도 타협도, 끝없는 논쟁이
거식증과 폭식증 환자 같아서
한 끼 밥도 불편하다.

장마에 **맑은 하루**가
당신이 보내는 답장

05

커피 찌꺼기

단편소설 〈대화_사람 찌꺼기〉를 읽고

동남아 여행에서 돌아온 큰 딸아이가 건네준
원두커피 두 스푼을 드립 했다.

엘피판에는 익숙한 모차르트가 재생되고
진한 커피 향 여운이 뒤따르는 아침

유월, 햇볕의 광기가 발동할 즈음
창문 바람은 아직 싱그러운데

커피잔은 흔적만 남긴 채 비워지고
감은 눈은 자꾸 입술을 다신다.

뜨거운 화마를 견디고
온몸이 부서지고 조각난 가루로

온전히 자신을 다 녹여서 향과 맛을 짜내어
감동과 기쁨 주고 버려지는 원두

사람은 사랑으로 산다는데
온전히 내어주고도 기뻐할 수 있는

배설물로, 찌꺼기로 살아간대도
여전히 사랑하며 감사할 수 있을 것인지

잡초 인생

생각과 달리

대부분 사람은
가난이 힘들게 하지만
그럭저럭 잘 견뎌내고 있다.

근데, 잘살게 된 사람은
빈곤에는 항상 자신감 충만이지만
작은 부귀는 잘 견디지 못하는 것 같다.

생각, 마음 밭에 들어온 욕심이
여름 텃밭의 잡초처럼
뽑을수록 거세어지는 것이

한번 성공해 본 자신만만으로
족함 모르는 안하무인, 독불장군 되어서
조금 더, 조금 더, 점령하기를 골몰하고 있다.

잡초 인생, 여름 지나 겨울이 오면
내 마음과 달리
나도 모르는 세상이더라.

과민 증후군

돌부리에 걸채여 아픈 것보다도
부끄럼에 서럽고도 슬프게

누가 보고 있는 것 같아서
크게 울었던 아이처럼

별일도 아닌 사소한 다툼에
붉힌 얼굴로 속까지 내보이더니

아프지도 부끄럽지도 않은 척
어른이 되지 못한 아이는

누가 봐 달라고, 알아 달라고
더 크게 떼쓰며 울고 있다.

봄날

진달래꽃은
참꽃

한 움큼 따다가
허기진 배 채우고

한 소쿠리 담아서
화전도 맛보고

되돌아갈 수 없는 날들
떨어진 꽃대 사이

연분홍 진달래
봄날이었어!

장마가 시작되고

싫은 님, 장마로 찾아온 날에
맺혔다 부풀다 미끄러져 사라지는 수족들
수많은 비바람에 마음 졸였던 나날들이
하나둘 가슴을 때리고는 도망친다.

굵어졌다가 가늘게 끊어지는 소리에
내 마음도 덩달아 박자를 맞추고
어디론가 떠나버린 열정 뒤 낮게 가라앉아서
잠잠히 따르는 연민, 그리움 하나

삼십 년 함께한 도시, 먹고 살아온 터전이
젖은 비가 무겁고, 낯설어지면
수많은 생각, 기억의 편린들
내린 비에 젖어 허물어져 내린다.

언젠가는, 님은 떠날 것이므로
화창한, 높은 가을날 기대하는 새 마음으로
이제부터, 나도 비를 좋아하기로 했다.
달라지는 세상, 항상, 있을 때 잘해야지.

인인(人人)

보지 않은 안내 문자만큼이나
간밤 번개 치며 쏟아진 폭우에도
진짜 모르고, 아주 곤히
잠들었나 보다.

과장 섞인 친구의 무용담 듣는 것처럼
지난밤 폭우, 언제 그랬냐는 듯이
진심 햇빛은, 아주 맑게
시치미를 떼고,

세상은 앞으로만 달려가고 있는데
나만 주춤, 멈춤, 뒤처지는 것 같아서
진심 열심히, 아주 많이
작심하고 했고,

장마 폭우 가운데도 햇빛은 여전히 그 자리
비극과 희극이 한 장 한끗 차이라서
진즉 깨달아, 아주 찰라
내려두고 간다.

칠월에

청포도가 익어가는 육사의 칠월 첫날에
장맛비도 잠시 비워준 새벽부터
생일 맞은 딸아이 좋아하는
옥수수 씨앗 한 이랑 심고 나서
삶은 감자, 방울토마토 서너 알
막 딴 오이, 풋고추 두어 개
열창하는 필이 형 볼륨도 높이며
머그잔에는 연한 커피 향 흘러나오는
두툼한 일리아스의 아침이다.

노여움을 노래하소서
그 먼 희랍, 올림푸스, 한 여인을 위해
신들과 뒤엉킨 영웅들의 전쟁놀음
그때나 지금이나 별반 다르지 않음에
영웅이나 아무개나 죽게 마련인 인간들이
신과 같은, 도무지, 신이 되려는 자들
자기 이빨 울타리를 빠져나온 말에
스스로 뒤돌아볼 수 있는 용기가
전쟁 아닌 평화의 시작이다.

비 온 뒤라 고추밭에 약을 쳐야 한다고
들깨 모종은 벌써 밭둑에 옮겨심었고
김장 배추, 마늘, 당근 심으려
거름질 이랑에 비닐 덮어 두고서
하늘, 바람, 계절 앞서서 기다리시니
세월이 영웅이라, 현자고 신인지라
구순 바라보는 장모님 손길에서
알 듯 모를 듯 세상사 그려가는데
앞으로도 오늘 같은, 소망을 노래한다.

응원

그를 위해 원반을 조금 더 빨리 돌리기로 했다. 상처 난 것을 빨리 돌리면 깨끗해진다는 그의 말이 사실이기를 바랐다. 그때는 이별의 아픈 상처가 심장까지 찌르고 있던 날이었다. 빨리 돌아가는 것에는 상처가 있는지 없는지 잘 보이지 않았다. 정신없이 바쁘게 보낸 날에는 아픈지도 몰랐고, 더 시간이 지나자 견딜 만했다. 하지만 그때나 지금이나 그의 말보다 그를 믿었다는 것을 친구가 알았으면 한다.

내일, 또 응원합니다

롯데가 또, 또 졌다.

끝내기 홈런에 환호했던 기억이
가물가물 사라지고 있다.

새벽 알람을 또 무시했다.

하반기부터 새벽기도 하려던 계획이
밤잠 설친 탓에 일어나지 못했다.

저녁 라이딩도 포기했다.

타이어에 바람 채우고 닦아 둔 자전거가
한심하다는 듯이 빤히 쳐다본다.

또, 또, 또…

잘해서가 아니라 좋아하기에
내일도, 팬이라서, 내 편을 위해

오늘은
조금 일찍이 자기로 했다.

하루 II

더딘 하루에

세차게 퍼붓는 빗줄기가
약속했던 일정들 하나둘 지우고
텔레비전 채널만 이리저리 눈요기한다.

언제 그랬냐는 듯이 맑게 갠 하늘
엉덩이를 들었다가 이내 주저앉히어
에어컨 리모컨만 만지작만지작하고 있다.

미세먼지 좋음
초미세먼지 좋음, 웬일?
저 멀리까지, 확 트인 경치는 시원하다.

삼십을 오르내리는 숫자에
딸아이 좋아하는 바비큐 통닭 마냥
휴일 한낮을 돌렸더니,

하루,
왜 이리 빠르지!

가벼운 여행

돌아갈 곳이 있어서
여행자의 발걸음은 가볍다.

며칠 전부터 설렘으로
장마 여행길 나서며 내린 비는

사진 찍고 이동하고 또, 먹고
생각 없이 따라다닌 단체여행길

산사태 슬픈 울음은 외면하고
함께 있어 줘야 할 무논은 지나치고

빡빡한 일정에 허겁지겁하다가
바다 끝에서 돌아갈 시간에 쫓기어

피곤한 몸보다 아쉽고 무거운 마음이
집으로 돌아가는 날에야 알게 되니

발길 가벼운 여행자는
지나온 길도 가벼워야 하는데.

바울이 스데반을 만나면

바울 사도가 천국에서 스데반 집사님을 만나면
참, 미안한 것이 많겠다.

마땅하다고 여겼던 많은 것들이 그게 아니라는 것을 알게 된다면
미안해서 쥐구멍이라도 찾을 것 같은데,
오해했던 것들이
마음 아프게 한 말들이
사소한 일에 목숨 걸듯 싸웠던 것들이

나중에, 그리고도 더 먼 나중에라도
천국에서 만나면 부둥켜안고 좋아할 수 있을까?

더 큰소리치고
더 크게 화를 내고
더 더 더 마땅히 여겼던 것들로

내가 틀릴 수 있다는 것을 외면하고
마주 보고 달리는 기차처럼

천국에서 만날까 봐
오늘 새벽에도, 루틴같이

삐딱선

창밖 하루 종일 내리는 비를 보고 있다.
똑바로 내려오는 것 하나 없이
사선으로, 곡선으로
초등학생 붓글씨 연습하는 것 같다.
약속 일자 지키지 못한 거래처에
성깔 담은 하소연을 늘어놓았더니
전화선 너머 한숨 섞은 말로
세상을 왜 그리 삐딱하게 보냐고 한다.
내 나름은 반듯하게 살아왔다고
모범생이라서 한 번씩 일탈도 해야 한다던데
삐딱이라는 말, 의외의 말이
자부심을 비집고 들어와서는 가슴에 깊게 박혔다.
어디 똑바로 내려오고 싶지 않았을까?
바람이 불어서 흩날려서 그렇지!
똑바로 살고 싶지 않은 이가 어디 있을까?
그렇지 못한 환경이 문제인 거지
어디 내 탓이냐고
내 잘못이냐고
밤낮 거짓투성이 세상, 가짜 뉴스가 판치는데
큰소리친 약속 하나 못 지키고 변명만 하는 네 탓인 것을
누군가는 삐딱한 세상이라서

한쪽 눈 감고 한쪽 귀 막고 봐야 한다고 했지만
삐딱해진 마음은 불편하고도
무거워서 떨어진다.
장맛비처럼

동행

아침이 시작하기도 전에 유모차 앞세우고 간다.
이태 전 고관절 수술, 운동하라던 의사 선상 말씀에
하루에 두 번씩 마실 한 바퀴, 나란히 나란히

춘화리 화산마을 육칠십 년 세월에
임천댁, 꿋칠댁으로 젊은 색시는 어디 가고
가슴에 파묻은 숯검정이 몇 자루이던가!
깻잎 사서 시동생네 장가들이고
허리 한번 제대로 폈던가, 돌밭 호미질에 닳은 관절들
무용담은 과거지사 묵은 밭에 고이 묻어 둬야지.

반골 농사일 허투루 보이는 것이 없어서
감 놔라, 대추 놔라, 동네일에도 걱정이 한 태산,
기계도 좋다지만, 아까운 이삭들, 새들만 제 세상인 양
텃밭 두어 골, 감자 심고, 고춧대 세우고
상추에 굵은 파, 손주 좋아하는 방울토마토까지.

아서라 아서라 두 손 내젓는 두 할매
하지 마라! 고생한다고, 닳은 귀로 들은 양 새벽이고 한밤중이고
굽은 허리, 앉은뱅이 의자에도 척척 잡초가 뽑히고
이제는 '이 짓도 못 하겠다.' 허리를 펴니

내일모레면 아흔.

이대로 이대로 조금만 덜 아프다가
젊은 신랑 앞서간 그 길 따라서
자는 듯 가고 싶다고, 보고 싶다고
소원도 나이도 같다.

공사 중입니다

밤이다 '자야지' 하는데, 컨베이어는 또 달린다.
생각, 생각을 찍어내는 공장, 또 야근하듯이
시도 때도 밤낮없이 몸에 밴 습관, 어디에,
성한 구석 있니? 출입 금지, 생각 금지.

쉬는 날이면 더 아픈 걸, 걸어 잠가
번아웃 일보 직전, 고질병, 인제 그만,
신문 기사가 아니라, 내 친구, 내 이야기,
약도 없다, 오뉴월 감기도 아닌데.

멀쩡한 보도블록을 새로 깐다고, 젠장,
낭비, 펑펑 써봐야, 한번 해 본 놈이 더 잘한다고,
평생 해외여행 안 갔다고, 자랑질인가, 꼰대인 걸,
밋밋했거나 치열했거나, 남은 후반전 사이 쉬는 타임.

사전 점검, 미리미리, 단도리하기,
직장 일만이 아니었네, 삼십 년 동안, 나 그리고 너
잘 싸고, 잘 자고, 잘 먹는 순서대로, 기본기로
다시, 처음부터, 아직 반절인걸.

보수공사 중, 나는.

내가 미안해

청구서가 왔다.
몇 번인가를 늦추고 미루기를 한 데서, 작년 말까지 찰떡 다짐했던 기한도 지나, "예, 열심히 해 봐야죠." 이제 그냥 능청이다.
그랬다. 믿고 의기투합으로 시작한 지도 십오 년 세월, 호구처럼, 밑 빠진 독에, 꼬박꼬박 월세 삯으로 샌다. 책임지는 것이 없다. 이유만 더 늘어나고 있다.
말뿐, 지켜지지 않은 부도수표는, 자기 몫은 챙긴 듯한데, 그 사람 속이 궁금하다. 사람, 안 변한다는데, 믿고 선택하고, 결정한 내 잘못인 거지.
안다고 생각한 내 착각이 시작이었지.
무섭다.
가까이 다가오는 사람이 그렇다.
잘 안다고 큰소리치는 사람이 더 그렇다.
포기할 수도, 버리긴 아까운 것이라서, 싫어도 어찌할 방법도 수단도 마땅치 않음에, 오늘에야, 또 내가 미안했다.
그래도 염치는 지킬 수 있어서, 죽을 정도는 아니라서 다행이다 싶다. 마음 다치지 않고, 마지막 송금이면 좋겠다.
미안하다. 나 자신에게.

마음

두근두근 설렘 가방 하나에
기대 반 걱정 반 챙겨 넣고서
조심스럽게 내디딘 마음은 초심입니다.

물불 안 가리고 불철주야로
몰입하고, 모든 걸 갈아 쏟아부었던
할수록 힘이 났던 마음은 열심입니다.

때 묻고 찢어지기까지 한 가방에
지친 마음에 마른 수건 짜듯 힘을 더해
끝까지 포기하지 않은 마음은 뒷심입니다.

욕심이라고 해도 좋습니다.
그게 무어냐고 따져도 괜찮습니다.
힘껏 살아낸 내 인생, 내 길이니까요.

많이 낡고 터덜터덜 해어진 내 가방에
삶의 고비마다 힘을 내었던 추억이
가득가득 많아서 다행입니다.

답장

오늘 같은 밤이면
당신이 누웠던 자리에
당신 베개에 코 박고
편지를 씁니다.

잘 지내는지
하고 싶은 말들보다
보고 싶은 마음이
앞뒤가 없습니다.

장마에 맑은 하루가
당신이 보내는 답장 같아서
주절주절 읽어가는데
눈물만 납니다.

비 그치고

비가 내린다.
그날도 비가 내렸다.
하늘 끝까지 쫓아가서
왜 그랬냐고
왜 그래야 하냐고
따지고 싶었는데
하늘이 땅 아래까지
내려와 버렸지!
말없이
눈물만 뚝뚝
어깨까지 들썩이며
하늘, 마주하고는
한마디, 따지고 싶던 그 말
내뱉지 못했지.

비 그치고
햇살도 비치고
아무 일도 없었던 듯
밥 먹고
자고 일어나

회사 가고
삼 년.

하늘이 땅 아래까지
당신 소식 있을까?
빈 우편함만
열었다 닫았다
온종일
서성거린다.

또,
비 오고
비 그쳤는데,

누워서 떡 먹기

그때나 저 때나
여자 말 들으면 자다가도
떡 하나 더 생긴다더니
손 짚고 헤엄치고
누워서 떡 먹기라더니
고약한 속담인 것이
맞는 말이라지만
실제는 아니더라고

누운 소 똥 누듯
호박에 말뚝 박는 일도
땡볕에서 땀 흘리고 나서
옛사람들의 삶을
조금은 이해하지만
살아가는 것도
살아내는 것이란 게
본디 생각하기 나름이고

이때나 그때나
자기만 힘들고 어렵다고
자기 생각만 맞다는 게

어찌 보면 역사라는 것이
산 자의, 남은 자의 몫이라고
쉽게 단정할 수 없어서
나이 탓에 주춤하는 게
누운 김에 떡 하나 먹어본다.

그리움 I

뻥 뚫린 가슴으로는
당신의 말을 다 담지 못해
온몸으로 나섰더니
폭포수처럼 마구 떨구는 통에
하나도 알아듣지 못하고
젖은 몸만 오싹합니다.

오늘 같은 폭우에는
하늘 끝이라도 올라가서
젖은 몸으로 나갔더니
눈물인지 빗물인지
수 놓인 손수건만
하나둘 꺼내 봅니다.

내린 비가
도랑을 지나 하천으로
굽이굽이 바다에서 하늘로
내 마음도 따라 보내느라
창밖 물방울 하나도
달리 보입니다.

그리움 II

연분홍 누이 닮은 코스모스가 익숙했던 개천 둑방에는
학교 앞 상자에서 나온 노란 병아리 떼가
똥을 질러댄 듯 금계국 천지가 되었다.
아스팔트 깔린 신작로, 보도블록과 덱이 덩그러니 놓인
흙길에도 이제는 고무신을 신지 않는다.

고추잠자리

장맛비가 잠시 뒤로 물러날 때면
등짐 진 농부의 잰걸음으로
고추밭에 간다.

충제와 균제, 영양제까지 물에 타서
갓난아이 이유식 먹이듯
골고루 빈틈없이 준다.

복더위 아직 한참 남았건만 어디서 온 것인지
붉은 고추잠자리 여남은 마리가 고추밭에서
하늘 음계로 브람스를 연주한다.

날았다 앉았다 초보 농군 쌓인 일도 제쳐놓고
잡힐 듯 말 듯 고추잠자리 잡으러
산으로 들로 그때가 그립다.

한 친구가 눈에 밟힌다.
고추잠자리 같은……

이유

이곳에 온 날이면
잡초를 뽑고
농약을 쳐도
밤잠을 설치고

당신이 생각나면
낮잠 탓인지
커피 탓인지
단잠을 못 이루고

하여,

이곳에서 당신 생각으로
책을 보고
글을 쓰며
꿀잠을 참습니다.

기도 III

가뭄 날에는 비를
장마 날에는 햇빛을
세상 시간 안에서 구하는
나의 편리, 필요들, 간사하기까지
자족 흉내도 못 내는
불편한 내 기도.
피할 수 없으면 즐기라고
아픈 날이나
슬픈 날이나
웃고 즐기는 날도
바람이 오고 비 가듯이
시간이 내게 허락된 이 세상에서
다시 오지 않을 오늘, 한날
뜨겁게 사랑한다면
죽을 만큼 그리워진다면
불평 삭혀져 달콤하게 발효되는 충만함이
바뀐 것 하나 없이도
재충전된 열정으로
사랑으로

주님,
내 잔이 넘치나이다.

어머니

잘 지내시는지요?

매년 오는 장마입니다.
어느 때는 조금 길게도 오고
혹은 매우 짧게 지나가기도 하지요.
태풍과 같이 무서울 때도
마른장마에 보슬비처럼 내릴 때도
여름 몇 날은, 길게 몇 주는
비와 함께 보냈지요.

요즘에는 안내 문자가 자주 옵니다.
비가 많이 온다고, 경보라고
산사태, 상습 침수, 위험 지역은 피하라고
외출을 자제하라고 하지요.

폭포수같이 떨어지던 빗줄기도
이제 한풀 꺾인 듯 많이 가늘어졌어요.
이 비도, 이 장마도 끝이 있듯이
세상에서 영원히 계속되는 것은 없겠지요.
질긴 고난과 애는 아픔, 이 깊은 외로움도
세상 시간에 속한 것이기에

언젠가는 마칠 때가 있을 거예요.
그렇지요.

이번 장마는 비가 많네요.
터널도 무너지고 마을도 물에 잠기고
죽은 이도 다친 이도 많다네요.
오늘 밤에도 계속 오는 안내 문자가 잠을 깨워서
무심한 아들도 비바람에 놀라서
어머니 품속이면 포근할 것이기에
죄송한 것뿐인데, 그것보다도 더 많이
안기고 싶고, 기대고 싶어서
할 이야기도 많아서,

이 깊은 그리움의 끝날은 언제일까요?
우리 남매도 아이들도 잘 있으니 걱정하지 마시고
아프지 마세요.
많이 웃으시고요.
언제나 어디서나 행복하세요.
다시 만날 그날까지
제가 더 그래야 하겠지요.

보고 싶은 어머니
사랑합니다.

장마

운다고 달라지지는 않겠지만
실컷 울고 나면 그래도 살만했다.

보이는 집 안팎 구석구석은 쓸고 닦고 버리면 깨끗해지지만
보이지 않는 마음 밭 곳곳은 쌓이기만 할 뿐 치울 방법이 없어서
그래서, 나도 한 번씩 운다.

하늘은 하루에도 자주 쓰레기를 비워낼 만큼 큰 집이라서
비질 한 번에 번개가 동에서 서로 치고 가고
걸레질에도 밑 빠진 장독같이 뚝뚝 떨구나 보다.

며칠 동안 마음이 많이 상했는지, 어데 다녀온 건지
못난 쓰레기가 차고 넘쳐서인지, 누구 귀한 분이 오시는지
달포 가까이나 물청소에 정신이 없나 보다.

이제 다시는 하늘에도 큰 쓰레기가 없었으면 한다.
마음 상할 일도, 물질할 손님도 없었으면
나도 그랬으면 하고.

우유부단

긴가민가할 때가 있었다.
우물쭈물하다가
후회가 밀려들 때면
왜 그랬을까?
정색하곤 했지.
햇빛 강한 한낮
짧아진 그림자처럼
홍수에
귀해진 물인 양
그때에는
벌떼 같았던 친구도
남아돌던 시간도
내 편인지 아닌지 헷갈리더니
빈 머리숱만 거울이 보여주는데도
긴지 아닌지에
없는 눈치까지 챙겨야 하니
오늘도, 여전히
우물쭈물 꺼리게 된다.

하늘

하늘색이 곱다.
비가 그친 아침에

하늘 무너질 인상으로
종아리 때리시던 아버지가
마실 나가시면

쪽마루도 한달음 치맛자락 끌어서
말없이 안아주셨던 어머니처럼
따사로운 아침 햇살이

북받쳐 커지던 울음도
머리끝 치받던 화도
종아리 아린 아픔도
눈 녹듯 사라졌던 기억같이

지하차도에 채웠던 공포도
산사태로 쓸고 내려갔던 허망함도
흙탕물 급류에 찢겨나간 청년의 꿈도
손 한 번 잡아주지 못했던 미안한 것들도
이제, 다시는

반복되어서는 안 될 일이라고

하늘에게 소리 높여 외치고 싶다.
어머니 품속처럼
따뜻하기를

아직도, 나는

무더운 여름날 에어컨 리모컨보다
선풍기에 마음이 편했고
별로 할 일이 없어도 땡 퇴근보다
삼사십 분 머물렀고,

내가 좋아하는 것보다
나를 사랑하는 사람을 위해서
한 발 비켜나 있었던 것은,

삼십 년 학습된 프로그램
또 삼십여 년 구동되어 온 일상처럼
당연했던 많은 것들과 달리,

오작동인 줄 알았던 것들
잘못된 일탈이라 확신했던 것들이
봄볕 아지랑이처럼 내게 찾아온 자유와 기회라고,

오롯이 나만을 위해서
눈치와는 멀게, 스스로 위안해 가면서
한 번쯤은 떠나고 싶은 여행지라 설렜는데,

채워 왔던 지도 위, 자율주행하는 자동차처럼
아직도, 그때만 입력되어 있네요.

만원

우리 집 신발장은
늘 만원이다.

신발이 작아진 것인지
발이 큰 것인지
귀여운 신발도

유행이 지난 골동품인지
마음이 바뀐 것인지
비싸게 산 구두도

선뜻 버리지 못하는 미련한 마음이
생활사 박물관처럼 전시된 채로
항상 만원이다.

만 원으로 할 수 있는 것이 거의 없지만
하나둘 가득 찬 만원, 만 원짜리가
녹슨 훈장 같다.

차이

비 온 뒤 텃밭은
그냥 보니 잡초투성이

내가 이름을 알면 야생화가 되고
이름 모르면 잡초가 되듯

나하고 아는 사람은 이름이 있고
모르는 사람은 그저 아무개이듯

만나서 친구로 알아가듯이
하나둘 알아가면 야생화 천국

고백

이해가 되고
믿을 수 있겠는데

죽은 사람이 다시 사는 것과
처녀가 혼자서 애를 낳는 것은
좀 아니지 않느냐고

천지창조와 구약은 접어두고도
머리를 긁적이던 고백처럼

이스라엘의 닭이 동맹파업을 하듯
딱 세 번만 시간 맞춰서 울고

박해하던 사울이 바울이 되었듯이
앞서간 순교자의 이야기들이
또, 자기 자신처럼

불신에는 모든 것이 까맣게 보여도
믿음의 눈은 또렷하게 보인다고
불가사의한 것이
어디 하나둘이었냐고

좀 아니어도
이해가 안 되어도
바라고 믿고 지나고 보니
고향 친척 아비 집을 떠났던 아브람처럼

믿음의 길을 잘 지켜 왔다고
마지막 고백 같아서
가슴이 저렸다.

천국에서 다시 뵈면
고마웠다고, 부끄러웠다고
꼬옥 안아드리고 싶다.

다음에 또 봐

반가운 전화다.
용건은 간단한데

이어지는 잡담은
나라와 우주까지 담긴다.

전화기 붙들고 한 시간 넘게
멈춰 선 일상은 기다리고

그러다가 급한 용무가 깨어나면
다음에 또 전화할게!

별일 없이도 만나고
지적질도 고맙게 주고받는

다음에도 꼭 만나고 싶은
그런 사람이 있다.

내가 그 사람이면
좋겠다.

에필로그

나는 깨어있는 강물이다

"내일 지구의 종말이 온다고 할지라도 나는 오늘 한 그루의 사과나무를 심겠다." 철학자 스피노자의 말을 프린트하여 책상 앞에 붙여 놓은 적이 있다. 왜 그랬는지는 모르겠지만, 아마도 멋진 명언이라서 주변의 변화에 연연하지 않고 내 길을 끝까지 가겠다는 신념의 표방이었으리라.

"보이지도 않는 끝 지친 어깨 떨구고 한숨짓는 그대 두려워 말아요. 거꾸로 강을 거슬러 오르는 저 힘찬 연어들처럼……." 가수 강산에 씨가 1998년 발표한 3집 앨범 《연어》의 표제곡인 〈거꾸로 강을 거슬러 오르는 저 힘찬 연어들처럼〉의 마지막 부분 가사이다. "흐르는 강물을 거꾸로 거슬러 오르는 연어들의 도무지 알 수 없는 그들만의 신비한 이유처럼……." 노래를 부르다 보면 저절로 힘이 난다. 지난 23일(2022년 5월 23일) 김해 봉하마을에서 있었던 노무현 전 대통령 13주기 추모 공연에서 추모곡으로 불렸다는 소식이다.

강을 거슬러 올라가는 물고기의 습성을 모천회귀라고 한다. 태백이 만든 강에서 태어나 동해를 통해 북태평양을 여행하고 난 뒤 자기를 닮은 자식을 낳기 위해 고향으로 돌아오는 실향민 같은 연어의 삶을 생각하면 노래에서 힘을 얻기보다는 측은해야 하는 것이 아닐까? 한번 산란하면 죽는다는 것을 알고 있는 연어가 거센 물살을 거슬러 올라가는 모습을 생각하면 경이롭지 아니한가? 생을 마치기 위해 마지막 죽을힘을 다해 강을 거슬러 올라가서는 강바닥에서 물이 솟아오르는 곳에 자갈로 보금자리를 만들고 엄마는 마지막 힘으로 몸을 세워 살굿빛 알을 낳고 아빠는 정자를 뿌리는 의식을 거행한다. 자기 부모들처럼 고향으로 돌아와 자신의 분신을 남기고는 자연으로 돌아간다.

어떻게 사는 것이 멋진 삶일까? 하루하루가 급변하는 시대에 너무나도 풍족하게 사는 오늘, 얻은 것만큼이나 많은 것을 잃어버린 것 같다. 귀소본능은 지친 일상을 견디게 하는 힘이 되곤 했다. 하지만 돌아가신 부모님과 떠나온 타향살이 40여 년에 돌아갈 곳을 잃어버린 실향민이 되어 버렸다. 과학기술과 의료기술의 발달로 인생 100세를 말하는데, 내 머릿속에 각인된 것은 인생 칠팔십에 맞춰서 살아온 것 같아서 남겨진 시간이 혼란스럽기만 하다. 누군가는 인생 칠팔십이 최고의 전성기라고, 더 열심히 일해야 한다고 말한다. 또 한쪽에서는 젊은이들이 일자리가 없다고 한다. 기회도 희망도 없어서 결혼도 자식도 연애도 포기해야 한다고 한다. 기후 위기와 인구 감소로 소멸을 이야기하기 시작한 지도 꽤 된 것 같다.

직장 생활을 시작할 때는 인생의 롤모델이 많이 보였다. 그 많은 것 중의 하나를 특정하지 못하고 우왕좌왕해서 꼬이고 꼬여버린 것인지 몰라도 나름대로 앞으로 삶이 계산되었는데, 이제는 잘 모르겠다. 산을 잘 알고 있는 산꾼과 함께 등산하다가 산꾼을 놓쳐버린 꼴이랄까? 앞으로 이삼 년을 어떻게 살아야 할지도 막막하다. 그저 아침에 눈을 뜨고 저녁이면 자리에 드는 일상의 쳇바퀴에 올라타고 있는 형국이다. 떨어질 것에 두려움과 걱정으로 대롱대롱 매달려 있는 꼴이다. 스피노자처럼 인생 끝까지 사과나무를 심을 것인가? 연어처럼 다음을 위해 마지막 남은 힘을 쏟아야 할까? 주변을 둘러보면 대부분 스피노자의 길을 가고 있는 것 같다. 누구 말처럼 인생 칠팔십에 가속페달을 더 세게 밟고 있는 것 같다.

이기적인 경쟁은 불행을 가져오고, 선의의 경쟁은 성장과 발전을 꾀하지만, 사랑이 있는 경쟁은 행복하다고 한다. 현대 문명의 총아라는 도시 생활은 원하든 원하지 않든 경쟁하게 된다. 패자라서 그런지 모르겠으나 마지막 남은 힘으로 끝까지 자기 자리와 사욕을 위해 몸부림치는 것 같아서 인생 칠팔십 선배들이 안쓰럽고 측은하기만 하다.

《채근담》에는 바람이 대숲에 불어와도 바람이 지나면 대숲은 그 소리를 남기지 않고, 기러기가 연못을 지나가도 기러기가 지나고 나면 연못은 그림자를 남기지 않는다고 한다.

아내가 떠나가고 좋아하던 형님이 항암을 시작했다고 한다. 강물이 바다로 흘러가면 강물의 흔적은 없듯이 내가 살아온 인생의 그림자는 그 어디에도 머물러 있지 못하는데, 천년을 살 것같이 만년을 살 것같이 하루를 살아가는 나에게 질문한다. 감사 외에는 내려놓아야 할 모든 것을……

"여러 갈래 길 중 만약에 이 길이 내가 걸어가고 있는 막막한 어둠으로 별빛조차 없는 길일지라도 포기할 순 없는 거야. 걸어 걸어 걸어가다 보면 뜨겁게 날 위해 부서진 햇살을 보겠지. 그래도 나에겐 너무나도 많은 축복이라는 걸 알아. 수없이 많은 걸어가야 할 내 앞길이 있지 않나? 그래, 다시 가다 보면 걸어 걸어 걸어가다 보면 어느 날 그 모든 일을 감사해 하겠지."

작가에게 응원,
이웃과 더불어 행복을

김영희

평소 좋아하고 함께 있다는 사실만으로도 이웃에게 힘이 되는, 그의 삶을 존경의 마음으로 지켜보는 정승준 작가가 벌써 3번째 시집을 출판한다며 축하의 글을 부탁해 왔다. 주위에 유명세를 가진 지인들이 많을 텐데, 일상적으로 무명인 중의 무명인이요 평범하기 그지없는 나에게 이런 부탁을 하니 부끄럽기도 하고 자신도 없어서 사양했다. 그러나 부담 갖지 말고 평소 본 대로, 아는 대로, 느낀 대로 적으면 된다는 말에 감히 작은 용기를 내어 본다.

1. 다시
첫 시집을 낸 지가 얼마 지나지 않은 것 같은데 진즉 2집을 내고 다시 3집을 출판한단다.

이번 시집도 이전 시들과 마찬가지로 일상에서 만나는 사건, 사고들에 대해 그냥 허투루 지나치지 않고 주의 깊은 관찰과 자기만의 생각을 거쳐 하나하나 이렇게 멋진 글로 표현할 수 있다는 게 신기하고 부럽다.

내가 아는 작가는 젊은 시절부터 어느 것 하나 예사로이 보지 않고 나름 깊이 생각하며 사는 게 몸에 밴 듯, 하는 일마다 미리미리 꿈꾸고 계획하고 준비하고 실행하며 살아왔다. 자기 말처럼 삐딱선을 타서 그런지 모르지만, 남들과 조금은 다른 생각과 말과 행동들이 때론 주위 사람을 당황스럽게 하기도 했다. 하지만 모든 걸 곱씹어 보면 자기에게 이익되지 않은 일에는 관심조차 주지 않으려는 이 시대에 찾아보기 쉽지 않은 용기 있는 모습으로 보았다. 작가의 나이를 보면 처가는 멀수록 좋다는 말이 더 익숙할 세대 같은데, 처가 그것도 상처한 지 얼마나 되었다고 노후를 위한 전원주택을 처가 근처에 지은 것이 그렇고, 아직 한참 젊은 나이임에도 떠난 아내에 대한 그리움이 가득 담긴 글들을 SNS에 쓰는 것도 모자라 저렇게 당당하게 시집으로 출판하겠다는 것도 남다르다.

2. 혹시

두 해 전 고분지통(鼓盆之痛)을 겪었을 때 혹시 삶이 위축되지 않을까, 혹시 일상에서 뒷걸음치지 않을까 조금은 걱정이 되었다. 평소 아내 자랑이 많았고 아내 사랑도 누구보다 크다고 느꼈기 때문이다. 나이는 젊고, 아직 챙겨야 할 아이들 특히 막내는 한참 엄마의 손이 필요한 시기인데 어쩌나 싶어 마음이 많이 쓰였다. 그렇지만 누구도 대신할 수 없는 작가 자신만의 몫이기에 뒤에서 기도하며 조심스레 지켜볼 수밖에 없었다.

3. 역시

하지만 이 모든 게 기우였다. 이전과 전혀 다름없이 자신에게 주어진 생활에 그 어느 때보다 충실했고, 아이들 엄마의 빈자리를 채우기 위해 그 누구보다 더 부지런하게 움직였다. 거기에 더해 그 바쁜 일상에도 쉬지 않고 글을 길어 올리는 작업에 더 집중했나 보다. 그 결실이 빠르게 두 번째 시집을 거쳐 벌써 이렇게 세 번째 시집으로 만들어지고 출판하는 게 아닐까 싶어 한편 짠하기도 하다. 무엇보다 떠난 이에 대한 그리움을 속으로 삼키고 익혀서 이렇게 아름다운 글로 승화한 모습은 아무나 흉내 낼 수 있는 부분이 아니다.

작가는 얼마 전 한적한 시골에 크진 않지만, 아름다운 이층집을 짓고, 그 안에 아기자기한 공간을 배치하고, 넓은 정원에 잔디와 나무를 심고 몇몇 채소들을 가꾸고, 한 곁에 음식을 만들 수 있는 무쇠솥단지를 걸어 두고, 거실에는 철 지난 엘피판들과 커피 만드는 기기들, 시골에서는 보기 쉽지 않은 다양한 주방 기구들을 준비하고 오고 싶은 이웃들에게 집을 개방했다. 쉽지 않은 이런 모습은 자신을 위한 것도 있지만 언제나 이웃을 위하는 작가의 열린 마음과 배려에서 나온 행동인 줄 알기에 생각할수록 마음이 따뜻하다.

4. 또다시

지금은 직장인이라 시골집에 시간 나는 대로 내려가지만, 은퇴

후에는 본격적으로 그곳에 머물면서 책도 읽고 사색도 하고 그것을 거미가 아름다운 거미줄을 뽑아내듯 아름답고 멋진 작품들을 계속해서 만들어 가겠다는 다짐으로 읽었다.

작가는 자신을 목수의 아들이라고 했다. 한적한 곳에 지은 그 집이 작가와 이웃들의 만남을 통하여 쉼과 회복과 치유의 공간이 되고 시간이 지날수록 더 많은 이들의 사랑받는 공간이 될 날을 꿈꿔 본다.

작가의 세 번째 시집 출판에 온 마음과 온몸 다해 축하를 보낸다.

아무쪼록 이 시집이 많은 사람의 입에 오르내리고, 먼저 작가 자신이 만족하고 행복했으면 좋겠고, 작가의 평소 바람대로 더 많은 사람이 행복하고 더 풍성한 삶을 누리는 데 보탬이 되기를 두 손 모아 기원한다.

| **김영희** | 인생 달음질에서 세 개의 꿈(회사 임원, 교회 장로, 학교 석사)을 이루고 정년을 맞다. 지금도 여전히 엔지니어 겸 PM/CM으로 활동하고 있으며, 작가의 멘토이자 길동무로 작가의 첫 시집에도 축하해 주었다.

에필로그 03

가만히 그리워하는 이들에게

권기운

정승준 시인의 시 속에서는 그리움과 일상이 자주 부딪친다. 일상을 통해 추억하고 그리움으로 일상을 견뎌낸다.
그러나 슬프지만은 않고, 어설프게 모질지 않고, 무언가 알게 된 것을 큰소리치지도 않고, 슬프지만 당당한 문장으로 말한다.
사무치게 그리운데 참을만하다고 에둘러 말한다.
그의 시에서는 가을빛처럼 붉은 냄새가 난다.

시집을 읽다가 외로움과 그리움의 아픔 속으로 혼자 자맥질해 들어가다 거기서 더듬더듬 한 조각 일상을 만나게 될 때, 우두커니 혼자 추억하다 화들짝 놀라 구부정하게 매무새를 추스르는 시인의 엉거주춤한 모습을 떠올리며 실소한다면 그 안에 독자 자신의 모습도 돌이켜 볼 수 있을 것이다.

살아가는 데 별 무리는 없지만 걸음을 뗄 때마다 발에 채는 그리움을 대하는 자세를 돌아보게 될 것이다.

읽고 난 후에는 비로소, 누구든 기침만으로도 다시 돌아오게 만들고야 마는 일상의 근력으로 시인이 바라는 '한적'에 이를 수 있지 않을까.

아무도 없는 집, 늦은 밤에 누군가를 아주 힘겨운 몸짓으로, 가만히 그리워하는 이들에게 이 시집을 추천한다.

| **권기운** | 교육 컨설턴트로 북소리 독서방에서 작가와 교류하고 있다.

인생이란 텃밭은 재미있다

강병구

태초에 모든 것에는 이름이 없었다. 이름은 사람이 편의상 분류해서 붙였다. 우리는 풀의 입장이 되어본 적도, 바위의 입장에 서본 적도 없다. 세상은 이름을 붙이는 순간 분류되고 등급화된다. 꽃이라고 이름을 부르면 아름답다는 생각이, 하늘이라 부르면 눈이 부신다는 생각이 자동으로 뇌에 켜진다. '~사장'이라는 이름은 상대와 구별 짓기에 유리한 입장을 선점한다.

대뇌에서 생각하는 소질을 부여받은 인간은 누구나 행복을 추구한다. 비극적이게도 상대와의 구별 짓기를 통해 행복을 맛보기도 하는 게 인간이다. 그런 점에서 시는 예술이란 창작의 분야에서 본다면 구별 짓기를 허무는 망치라 생각한다. 자기 내면을 향해 내리치는 망치가 마음의 상처를 내리치고, 그 파편이 튀어서 읽는 이로 하여금 공감하게 하는 힘이 있다.

시는 언어로 표현하나 언어를 무장해제시켜 해방을 꿈꾼다. 모든 구별 짓기를 부순다. 뼈대 있는 집안이요 능력자이자 구별 짓기의 달인이었던 사울이 빛을 만난 후 구별 짓기를 허물고 바울이 된 것처럼 농축된 작가의 시에는 힘이 있다.

"근데 상추밭에는 상추만 있는 게 아니네! 작년에 심은 것인지 들깻잎 두어 개"의 〈상추밭에서〉처럼 인생에는 의외의 보너스가 있다. 인생이 계획대로 된다면 상추만 먹어야 한다. 깻잎은 먹을 수 없다. 인생도 상추라고 심지만 곁에는 성가신 풀들이 빨리 자라고, 어디선가 날아온 들깨도 자란다. 그래서 인생이란 텃밭은 재미있다. 때론 성가심으로 때론 의외의 보너스로.

B-612라는 소행성에 사는 소년, 의자 방향만 바꾸면 언제든 석양을 볼 수 있는 소년, 화산에서 나오는 열기로 요리하는 소년, 여우가 말한 '가장 소중한 것은 눈에 보이지 않아'처럼 보이지 않는 것을 길어 올리는 소년, 영화 《벤저민 버튼의 시간은 거꾸로 간다》처럼 늙음의 먼지를 시로 털어내는 소년을 나는 알고 있다.

"새벽 알람을 또 무시했다"는, 그러면서 "오늘은 조금 일찍 자기로 했다"는 〈내일, 또 응원합니다〉처럼 세상은 내일이 있기에 오늘 파이팅 하고, 응원할 수 있다. 내일 새벽 알람이 어찌 될지언정, 나는 오늘도 언제나 친구이자 그 소년을 응원한다.

| 강병구 | 방송국에서 이른 퇴직 후 자연을 벗하며 글 쓰고, 환경과 이웃을 생각하며 여행자의 삶을 살고 있는 작가의 대학 동기이자 절친이다.

보이는 대로 들리는 대로 진실해지고자

몇 번인가, 몇 날인가를 망설이다가 원고를 보냈습니다. 너무 잦은 것은 아닌지, 별 내용도 없는, 보지도 않을 것인데도.

나이 스물셋에 아버지를 떠나보내고 원망이 많았습니다. 아내가 먼저 떠난 지도 칠백일십구일, 눈에 밟혔던 아들 나이가 열넷, 저와 막내 여동생과는 아홉 해 간격, 저마다 가슴에 하나씩 묻고 사는 사람들, 일상이란 이름으로 우리네 아무개가 살아가는 세상살이인 것을.

손잡아 주셨던 고마운 분들에게 아버지의 마음으로, 아들의 용기로, 보이는 대로 들리는 대로 진실해지고자, 사랑하는 마음으로 한 자 한 자 적어둔 것을 끄집어내 봅니다. 세 번째입니다. 장마를 견딘 어느 여름날에.

아버지! 보고 싶은 아버지! 이렇게 살아가면 되는 거지예? 미안하고, 고맙고, 사랑합니데이.

밀양 한적헌(閑寂軒)에서 정승준

장마를 견딘 어느 여름날에
나는 일어나 들어가야만 한다.

1쇄 인쇄 2023년 9월 3일
1쇄 발행 2023년 9월 4일

지은이 | 정승준
펴낸이 | 김희호
펴낸곳 | 유진북스 U-JIN BOOKS
기　획 | 방수련, 임은희
디자인 | 하영순, 방지영, 김보경
등　록 | 제 2002-000001호(2002년 3월 8일)
- 주소_ 48956 부산광역시 중구 광복로97번길 18, 605호
- 문의_ 051-257-1595~6
- E-mail_ ujinbooks@naver.com

ISBN 978-89-93957-72-3 03810
Copyright (c) 2023 by U-JIN BOOKS

** 이 책자의 판권은 지은이와 유진북스에 있습니다. 저작권법에 보호를 받는 저작물이므로 양측의 동의 없이 책 내용의 전부 혹은 일부분의 무단 전재 및 무단 복제를 금합니다.

이 도서의 국립중앙도서관 출판시도서목록(CIP)은 서지정보유통지원시스템 홈페이지 (http://seoji.nl.go.kr)와 국가자료공동목록시스템(http://www.nl.go.kr/kolisnet) 에서 이용하실 수 있습니다.